Les essentiels
de la science
PHYSIQUE

Gerard Cheshire

Son et vibrations

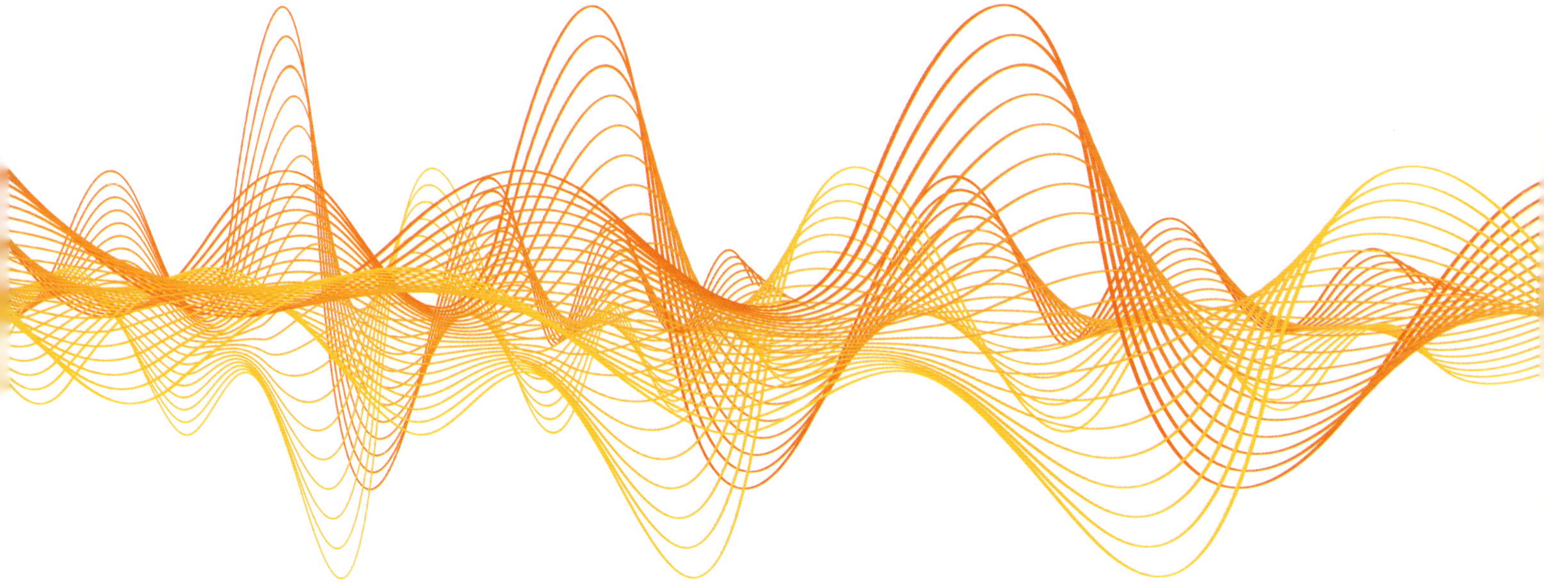

HURTUBISE
HMH

HURTUBISE HMH

www.hurtubisehmh.com

Éditrice de la série :
Harriet Brown

Éditrice :
Katie Harker

Conception :
Robert Walster

Illustrations :
Peter Bull Art Studio

Traductrice :
Dynah Psyché

Titre original de cet ouvrage :
Sound and Vibrations
Édition originale publiée
en Grande-Bretagne par
Evans Brothers Limited
2A Portman Mansions
Chiltern Street
Londres W1U 6NR

Dépôt légal :
Bibliothèque et Archives nationales du Québec 4e trimestre 2008
Bibliothèque et Archives du Canada 4e trimestre 2008

Éditions Hurtubise HMH ltée
1815, avenue De Lorimier
Montréal (Québec) H2K 3W6 Canada
Téléphone : (514) 523-1523 / Télécopieur : (514) 523-9969

Les Éditions Hurtubise HMH bénéficient du soutien financier des institutions suivantes pour leurs activités d'édition :
Gouvernement du Canada par l'entremise du Programme d'aide au développement de l'industrie de l'édition (PADIÉ),
Gouvernement du Québec par l'entremise du programme de crédit d'impôt pour l'édition de livres.

ISBN : 978-2-89647-128-7

Imprimé en Chine par :
WKT Company Limited

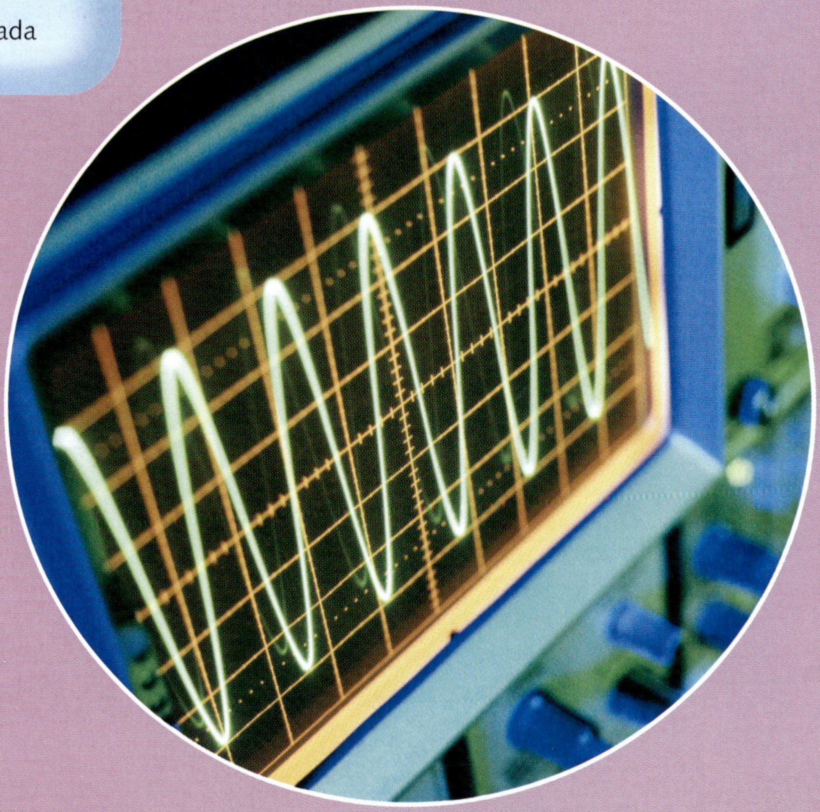

Table des matières

Introduction

Les sons font partie de notre vie quotidienne et nous aident à appréhender le monde qui nous entoure. Nous utilisons le son pour communiquer, pour avertir d'un danger ou comme source de distraction.

Ce livre vous fera pénétrer dans le monde merveilleux du son et des vibrations. Vous y apprendrez comment les sons sont produits. Vous découvrirez les mécanismes de l'oreille, qui nous permettent de les interpréter, et vous verrez les différentes manières de les enregistrer et de les reproduire. Vous y rencontrerez également des savants célèbres, comme Francis Hauksbee ou Hermann von Helmholtz, dont les travaux ont contribué à expliquer la formation des sons et leur détection.

Ce livre contient aussi des encadrés qui vous renseigneront davantage sur les mystères du son et des vibrations. Vérifiez ce que vous avez appris, expérimentez quelques-uns des principes présentés, apprenez d'autres faits marquants et voyez de quelle façon les grandes découvertes du passé pourraient être utilisées dans l'avenir.

Les sons sont essentiels dans le monde d'aujourd'hui. Maintenant, vous pourrez mieux comprendre les principes qui régissent les sons que vous entendez.

Le saviez-vous ?

▶ Surveillez ces encadrés : ils présentent des faits inattendus à propos du son et des vibrations.

Test

▶ Utilisez ces encadrés pour vérifier ce que vous avez appris. Essayez de répondre aux questions sans regarder le livre, autant que possible.

Expérience

▶ Ces encadrés proposent des expériences aisément réalisables chez vous. L'équipement nécessaire est peu coûteux et facile à trouver.

Voyage dans le temps

▶ Ces encadrés décrivent les découvertes scientifiques du passé et les développements fascinants qui ouvrent la voie à la science du futur.

Réponses

À la fin de ce livre, page 46, vous trouverez les réponses aux questions posées dans les encadrés Test et Expérience.

Glossaire

Les mots en caractères **gras** sont expliqués en détail dans le glossaire, pages 46 et 47.

1

Qu'est-ce que le son ?

Les sons nous environnent de toute part. Dès le réveil, nous percevons les bruits de la vie quotidienne, les bruits de pas lorsque nous marchons, nos paroles lorsque nous discutons. Les sons nous permettent de comprendre le monde et d'exprimer nos idées. Ils peuvent également nous avertir d'un danger. Ils font partie de notre vie, mais nous ne prenons pas souvent le temps de réfléchir à leur nature ni à la manière dont ils fonctionnent.

Bonnes vibrations

Les sons sont produits par un objet lorsque celui-ci **vibre**. Cet objet peut être solide (comme un métal), liquide (comme l'eau) ou gazeux (comme l'air). La plupart des sons que nous entendons voyagent dans l'air. Quand un objet vibre, cela déplace les molécules d'air autour de lui. Quand nous frappons un tambour ou une cloche, par exemple, les vibrations font bouger l'air autour de ces objets. Les vibrations sont transmises dans l'air de molécule à molécule, et atteignent finalement notre oreille. Ces impulsions vibratoires qui traversent l'air se nomment « ondes sonores ».

Les ondes sonores

Les ondes sonores sont produites quand des molécules d'air sont poussées l'une contre l'autre, puis s'écartent. Lors du premier mouvement de la vibration – la **compression** –, chaque molécule entre en contact avec la suivante et le processus se répète. Lors de la deuxième partie du mouvement – la **raréfaction** –, les molécules ont plus de place et s'éloignent l'une de l'autre. C'est la répétition de ces compressions et relâchements qui forme les ondes sonores.

Les ondes sonores sont dites «**longitudinales**» parce que les molécules se déplacent

◀ Le bourdonnement de l'abeille est produit par la vibration de ses ailes.

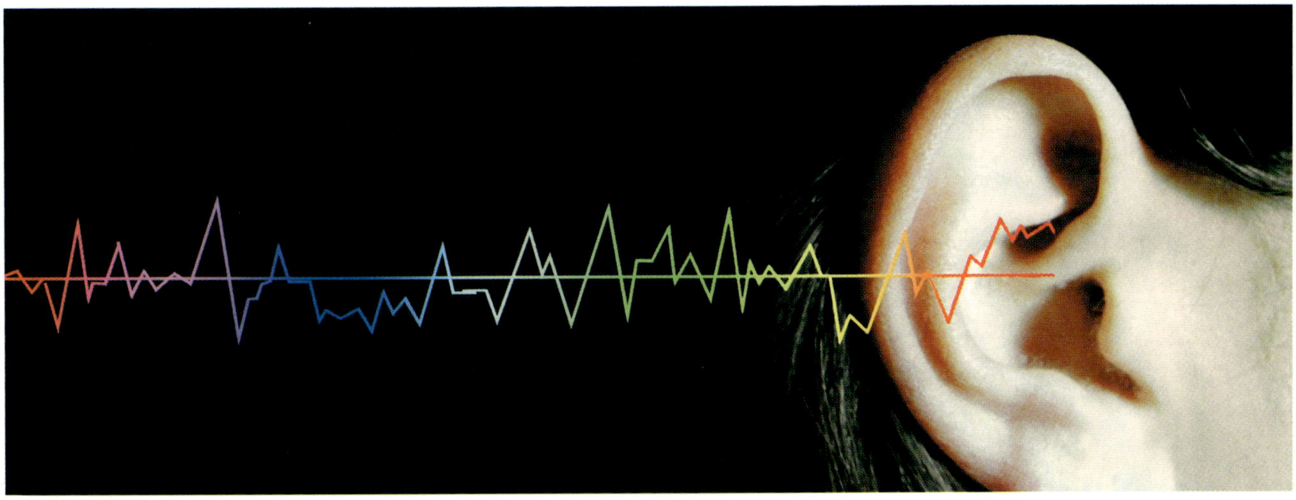

▲ Les ondes sonores atteignant nos oreilles sont converties en impulsions nerveuses que le cerveau interprète comme des sons.

parallèlement au mouvement des ondes. On peut aussi voir des ondes longitudinales à l'œuvre lorsque les muscles de la gorge se contractent pour avaler la nourriture, ou quand un ver de terre se déplace.

Les ondes sonores diffèrent des ondes **transversales**, qui se produisent lorsque les molécules se déplacent perpendiculairement au mouvement des ondes. La vibration d'une corde offre un exemple d'onde transversale stationnaire. Pensons aussi au phénomène de la « vague », bien connu des amateurs de matches de hockey, au cours duquel les spectateurs se lèvent et s'assoient alternativement le long des gradins pour donner l'illusion d'une vague gigantesque. Certaines des ondes que nous pouvons observer sont une combinaison d'ondes longitudinales et transversales. Sur la mer ou sur un lac, par exemple, la friction entre l'air et l'eau provoque un mouvement presque circulaire des molécules de la surface (composés de mouvements parallèles et perpendiculaires), ce qui forme les vagues.

▲ Quand une corde de harpe est pincée, elle vibre latéralement, mais l'onde la parcourt de haut en bas.

▲ Les vagues sont des ondes qui combinent des mouvements longitudinaux et transversaux.

La mesure du son

Les ondes sonores sont invisibles, mais leur mouvement peut être comparé à d'autres types d'ondes que nous pouvons voir, comme celui des vagues. Les scientifiques mesurent la longueur et la hauteur des ondes sonores en utilisant un **oscilloscope**. Ces mesures nous informent sur la fréquence et l'intensité du son. Elles nous ont notamment révélé que nous entendons des sons différents parce que les objets vibrent de différentes manières et produisent des ondes de longueur et de hauteur variées.

La fréquence

La longueur d'une onde sonore nous donne la **fréquence** du son. Elle nous indique le nombre de vibrations complètes (ondes) qui passent par un point à chaque seconde. Plus il y a de vibrations par seconde, plus la fréquence est haute et plus le son est aigu. On mesurait autrefois la fréquence en cycles par seconde, mais depuis les années 1960, on utilise le hertz (Hz), d'après Heinrich Hertz, un physicien allemand qui étudia les ondes électromagnétiques. Un hertz correspond à une vibration par seconde. Les sons très aigus sont souvent mesurés en kilohertz (1000 hertz) ou en mégahertz (un million de hertz).

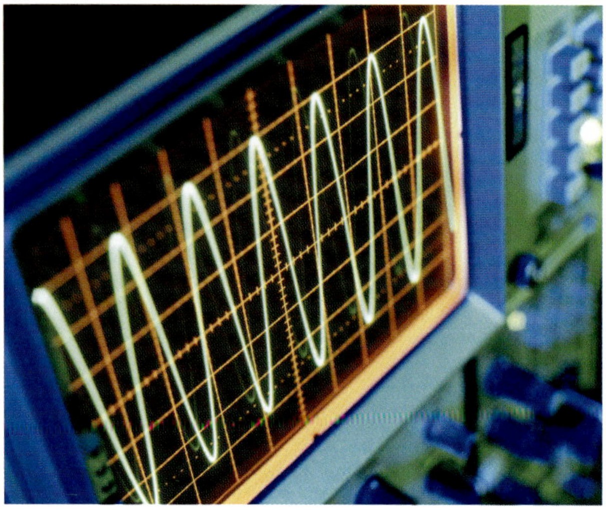

▲ Cet oscilloscope indique la fréquence et l'amplitude (intensité) d'une onde sonore.

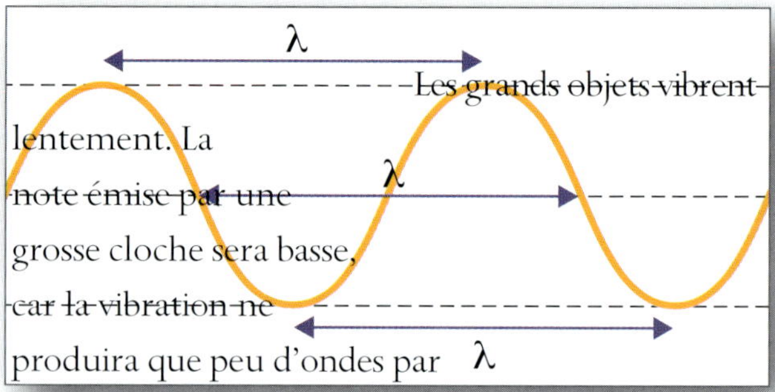

Les grands objets vibrent lentement. La note émise par une grosse cloche sera basse, car la vibration ne produira que peu d'ondes par

▲ La longueur d'une onde indique la fréquence du son.

Les grands objets vibrent lentement. La note émise par une grosse cloche sera basse, car la vibration ne produira que peu d'ondes par seconde. Une cloche plus petite vibrera plus rapidement, émettra donc plus d'ondes par seconde, et sa note sera plus élevée.

▲ Les cloches d'église ont des tailles différentes pour produire des sons plus ou moins graves.

Amplitude

La hauteur d'une onde sonore donne l'**amplitude** du son. Elle nous indique quelle est l'énergie de ce son (voir p. 27). Les ondes de haute taille produisent des sons forts.

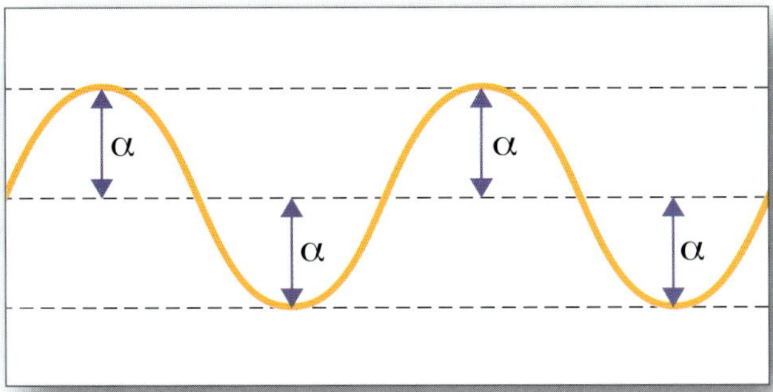

▲ La hauteur d'une onde indique l'amplitude du son.

On peut obtenir de tels sons en criant, en soufflant fort dans un instrument à vent, en pinçant vigoureusement un instrument à cordes ou en frappant violemment un tambour. Si on pince les cordes ou qu'on frappe le tambour légèrement, le son sera plus doux, car les vibrations auront moins d'amplitude (leur hauteur sera plus faible).

▲ Les alarmes d'incendie produisent des sons très forts.

Les sonneries d'alarme

Les ondes sonores sont une des façons les plus efficaces d'avertir les gens d'un danger. C'est pourquoi on a longtemps utilisé les trompes d'alarme, les sifflets et les sirènes. Ces appareils émettent des sons bruyants et déplaisants pour attirer l'attention et inciter à agir. On compte parmi eux les sonnettes de porte ou de bicyclette, les avertisseurs de voiture, les cornes de brume des bateaux, les sirènes d'alarme anti-aérienne ou incendie, les réveille-matin ou les sirènes d'ambulance. Au cours des dernières années, certaines ambulances ont été équipées de sirènes polyphasiques, qui produisent une série de sons différents. Ces sirènes sont plus faciles à détecter par les automobilistes qui écoutent de la musique dans leur voiture, par exemple.

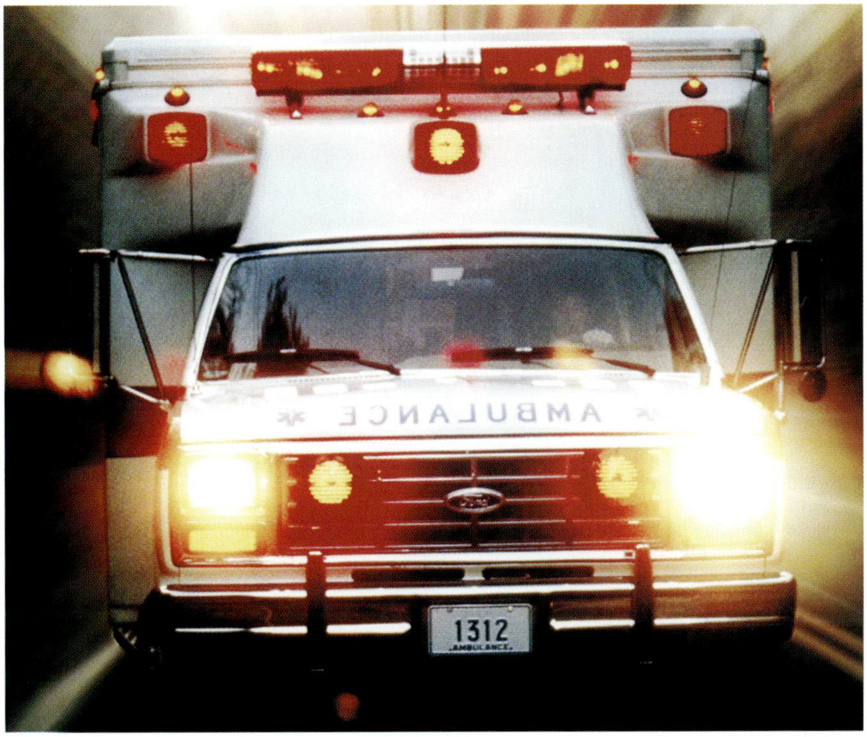

◀ Les véhicules d'urgence utilisent de bruyantes sirènes pour avertir piétons et véhicules qu'ils doivent rapidement dégager la voie.

Voyage dans le temps : comprendre le son

Dans les temps anciens, les gens ont commencé à remarquer que les sons et les bruits voyageaient à une certaine vitesse. Ils ont également compris que la vitesse du son et celle de la lumière étaient différentes. Cela expliquait pourquoi on voit un événement distant avant de l'entendre – comme un coup de hache contre un arbre, la fumée d'un coup de feu ou l'éclaboussement provoqué par un plongeur.

▲ **On voit ce plongeur heurter l'eau avant de l'entendre parce que la lumière voyage plus vite que le son.**

Recherches scientifiques

Vers 550 av. J.-C., le mathématicien grec Pythagore observa qu'une corde produisait des sons en vibrant, et il tenta de comprendre pourquoi le ton changeait avec la longueur de la corde. Ce n'est pourtant qu'au XVIIe siècle qu'une étude révéla comment voyage le son. En 1705, le savant britannique Francis Hauksbee démontra que le son a besoin d'un support matériel. Il montra que, si on peut entendre une sonnerie placée sous une cloche de verre, le son disparaît aussitôt qu'on fait le vide dans la cloche. Hauksbee expliqua que le son n'était audible que dans le premier cas parce que la sonnerie faisait alors vibrer l'air dans la cloche de verre et que la vibration était transmise à la cloche, puis à l'air environnant.

▲ **L'expérience de la cloche de verre d'Hauksbee prouva que les ondes sonores ne peuvent pas voyager dans le vide.**

▲ **Ernst Chladni**

Pendant longtemps, les gens se demandèrent quel pouvait être le rapport entre les sons, les vibrations et la réalité tangible. Puis, à la fin du XVIIIe siècle, le savant allemand Ernst Chladni donna une représentation visuelle des ondes sonores en faisant des expériences avec des plaques vibrantes. Il couvrit des plaques de métal avec du sable et les fit vibrer en frottant leur bord avec un archet. Le passage de l'archet provoqua des ondulations sur le sable, qui se déplaçaient sur les plaques et étaient réfléchies par les bords. L'expérience de Chladni montra que les plaques vibrantes créaient sur le sable des motifs variant avec la fréquence des vibrations, ce qui suggérait que les ondes sonores pouvaient affecter la matière et que ces changements pouvaient être répétés.

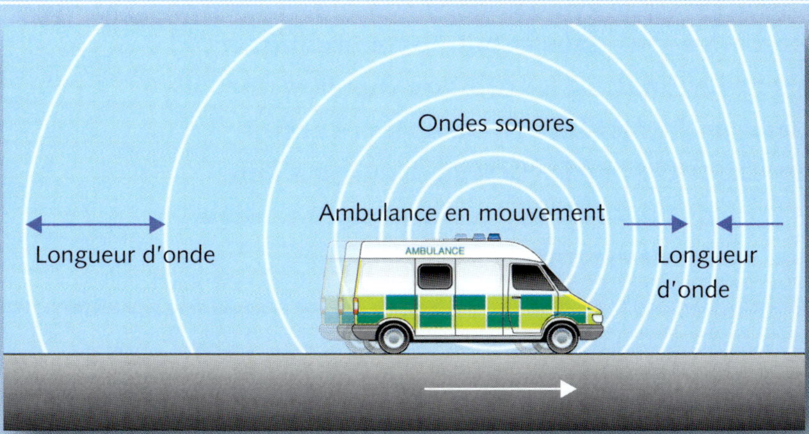

◀ La sirène de cette ambulance fait vibrer les molécules d'air et produit des ondes sonores. L'ambulance se déplace moins vite que le son, aussi les ondes sont-elles comprimées à l'avant du véhicule et plus espacées à l'arrière. Lorsque l'ambulance vient vers nous, la longueur d'onde est plus courte et nous entendons un son plus aigu. Quand elle nous dépasse et s'éloigne, la longueur d'onde est plus grande et le son devient plus grave. Ce changement de ton est appelé effet Doppler.

L'effet Doppler

La preuve définitive que les sons étaient causés par des ondes fut apportée en 1842 par le savant autrichien Christian Doppler, qui remarqua que le ton d'un signal sonore change lorsque son émetteur est en mouvement par rapport à l'auditeur. Doppler expliqua que les bruits et les sons voyagent sous forme d'ondes modifiées par le mouvement : elles sont comprimées lorsque leur source s'avance vers nous et étirées lorsqu'elle s'éloigne. Ce phénomène fut baptisé plus tard effet Doppler, en son honneur.

Imaginez que vous vous trouvez dans une rue au trafic intense. Bien que les véhicules roulent à une vitesse constante, si vous marchez dans la même direction qu'eux, le nombre de voitures qui vous doublent (la « fréquence») est plus faible que le nombre de voitures qui vous croisent lorsque vous avancez en sens inverse. La théorie de Doppler dit la même chose à propos des ondes sonores. Si nous avançons à l'encontre d'un son (ou si ce son vient vers nous), sa fréquence augmente (il est plus aigu) parce que ses ondes sont comprimées.

De la même manière, si nous nous éloignons (ou si la source du son le fait), celui-ci nous paraît plus grave, car les ondes se sont étirées. Cet effet est assez remarquable quand un véhicule d'urgence nous dépasse avec sa sirène en action. Le son devient nettement plus grave au moment où l'ambulance passe devant nous. L'effet est le même si l'ambulance est immobile et que nous passons près d'elle rapidement, en voiture par exemple.

◀ L'effet Doppler est flagrant lorsqu'on passe devant un flux constant de voitures.

L'ouïe

Les humains et les animaux émettent des sons dans le but de communiquer. Ils sont d'ailleurs dotés d'organes extraordinaires, les oreilles, capables de détecter et d'entendre les ondes sonores. Les oreilles traduisent ces ondes sonores en un type de signal compréhensible par le cerveau. L'ouïe est l'un des sens les plus importants pour la compréhension du monde qui nous entoure.

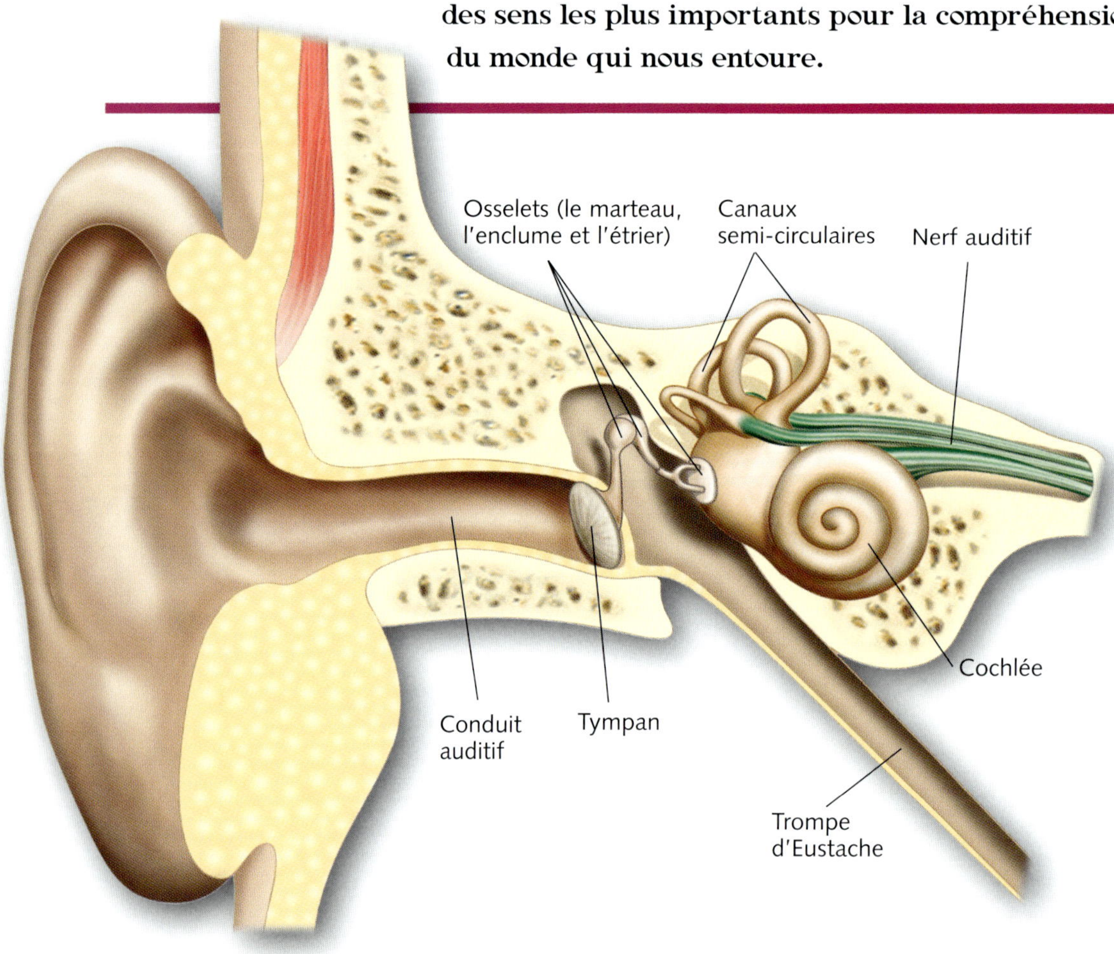

◀ Nos oreilles sont formées d'un ensemble d'éléments qui nous permettent de détecter les sons. Quand un son atteint l'oreille, il fait vibrer le tympan, qui transmet ces vibrations aux osselets puis aux cils de la cochlée. Ces mouvements sont convertis en messages envoyés au cerveau par le nerf auditif. L'oreille est aussi reliée à la gorge par la trompe d'Eustache.

L'oreille externe

Alors que nos sens de l'odorat, du goût et de la vue utilisent des réactions chimiques pour informer le cerveau sur le monde environnant, l'ouïe est un simple processus mécanique. Les excroissances de chair de chaque côté de notre tête, appelées « oreilles », ne sont que la partie externe de notre appareil auditif. Ces pavillons sont orientés vers l'avant et leurs circonvolutions captent les sons puis les conduisent vers les oreilles moyenne et interne, situées à l'intérieur du crâne. Les éléments de l'oreille interne captent le mouvement des molécules d'air et le convertissent en signaux électriques qu'ils envoient au cerveau.

L'écoute stéréophonique

De la même manière que nos deux yeux accroissent notre champ de vision et permettent de percevoir la distance, nos deux oreilles nous aident à détecter les bruits efficacement. Si nous en avions une seule, il nous serait difficile de localiser l'origine d'un son. Les ondes sonores provenant de la gauche atteignent l'oreille gauche légèrement plus tôt que celles qui arrivent à l'oreille droite (et elles sont aussi un peu plus fortes).

Les sons parviennent également à nos oreilles selon des angles différents, et le cerveau est capable d'interpréter ces menues variations. Grâce à l'écoute **stéréophonique**, nous percevons plus précisément le monde environnant – et les dangers potentiels. Dans les temps anciens, l'effet de stéréophonie était important pour les chasseurs, car il leur permettait de repérer au bruit un animal dissimulé dans les sous-bois.

▼ Au cinéma, les multiples sources de son augmentent l'effet dramatique.

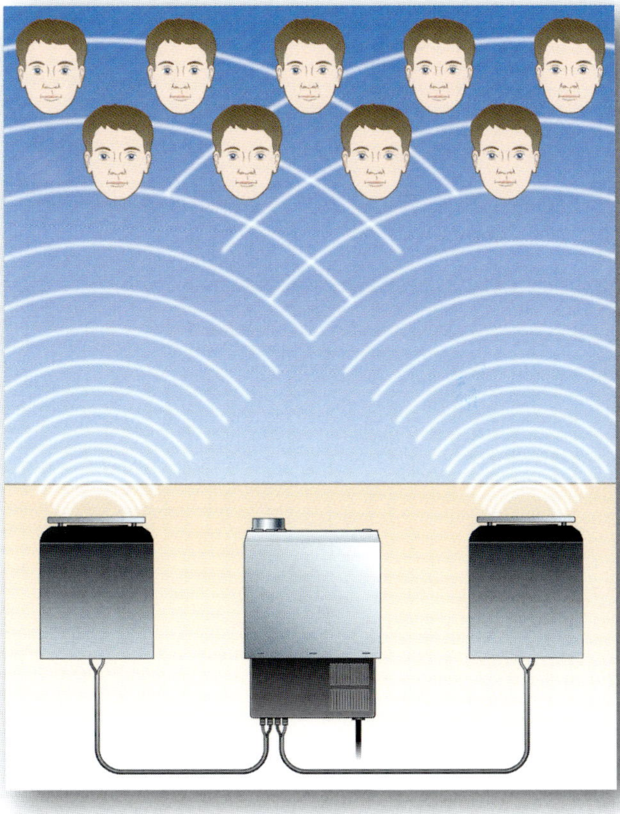

Dans les cinémas, aujourd'hui, le système de son stéréo nous permet de profiter de la stéréophonie. Les différentes parties de la bande sonore du film sont émises par plusieurs haut-parleurs situés dans des endroits différents pour donner l'impression que le son nous entoure. Les murs y contribuent en réfléchissant le son (voir p. 24).

Le tympan

Après avoir traversé le conduit auditif, les ondes sonores se heurtent à une cloison, le tympan. Il s'agit d'un petit morceau de peau d'environ 1 cm de large – semblable à la peau d'un tambour. Le tympan est rigide et très sensible : le plus léger mouvement de l'air le fait vibrer. Les sons aigus le font vibrer rapidement, les sons graves plus lentement. Les sons faibles le font vibrer doucement, les sons forts plus intensément.

Nos oreilles sont reliées à la gorge par les trompes d'Eustache. L'air entre dans les oreilles tant par les conduits auditifs externes que par la bouche, ce qui égalise la pression de part et d'autre du tympan. Cet équilibre permet au tympan de vibrer librement. Dans certains lieux, comme à l'intérieur d'un avion, la pression de l'air change et le tympan est tendu et poussé vers l'extérieur. Les bruits deviennent assourdis, car le tympan ne peut plus vibrer naturellement, et la tension peut être douloureuse. En avalant, nous pouvons rééquilibrer la pression.

▼ Représentation d'un tympan grossi 10 fois.

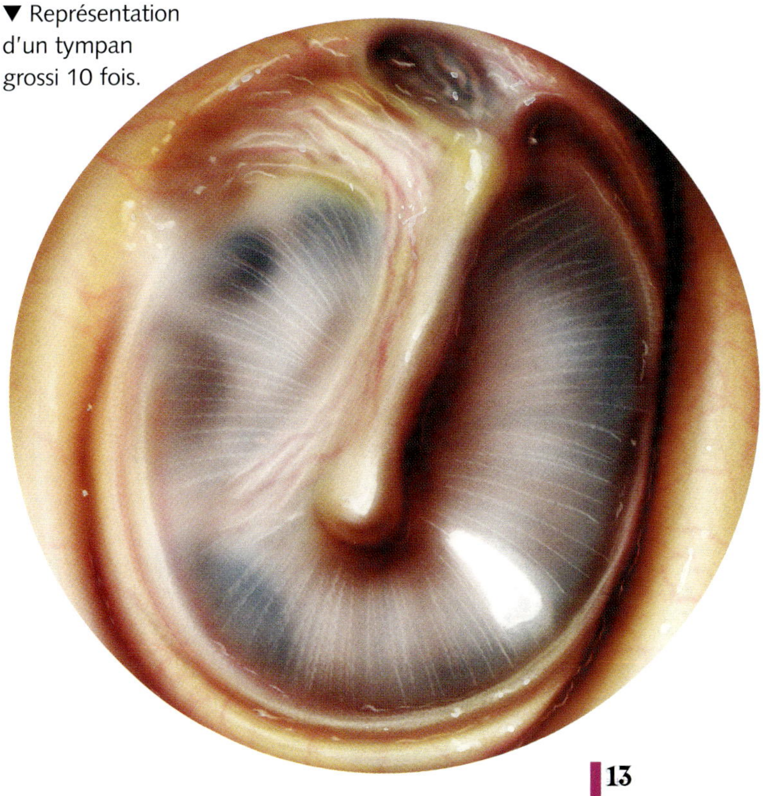

À L'INTÉRIEUR DE L'OREILLE

Derrière le tympan, trois osselets – le marteau, l'enclume et l'étrier – amplifient ses vibrations et les transmettent à l'oreille interne. Le marteau est relié au tympan et il se déplace latéralement lorsque ce dernier vibre. Le mouvement est transmis à l'enclume, puis à l'étrier. L'étrier est plaqué contre la cochlée, une cavité en forme de coquille d'escargot située dans l'oreille interne. La cochlée est remplie de liquide et l'étrier agit comme un piston, provoquant des ondes dans le liquide. Lorsque les ondes sonores atteignent la cochlée, elles sont environ 22 fois plus fortes qu'au niveau du tympan.

▼ Agrandissement des trois osselets.

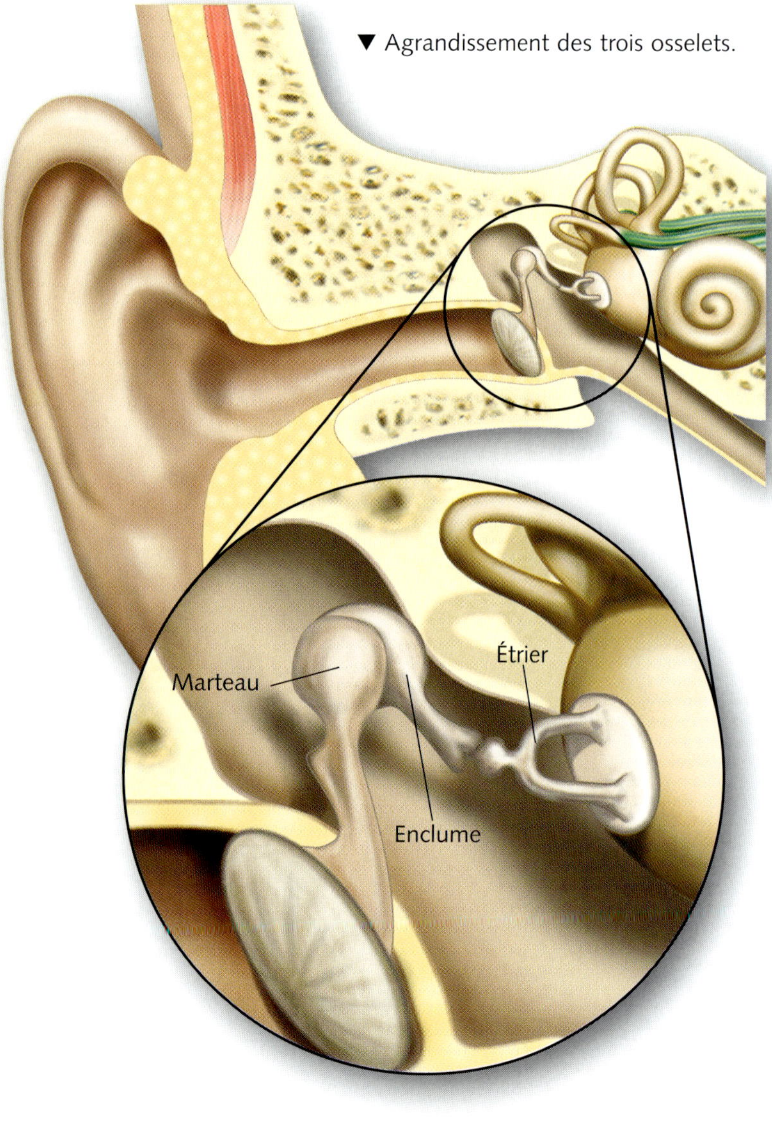

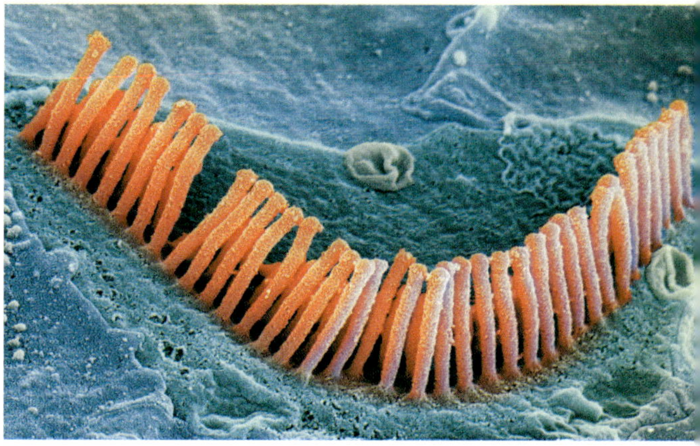

▲ Cils vibratiles de la cochlée (grossis 21 000 fois).

La cochlée transforme alors ces vibrations physiques en signaux électriques, que le cerveau interprétera en tant que sons. Les cils, à l'intérieur de la cochlée, ressentent les vibrations et leur mouvement se traduit par des impulsions électriques relayées par le nerf auditif. Ces cils vibrent à des fréquences différentes selon le type d'ondes sonores, et cela permet au cerveau de déterminer si le son est fort ou faible, grave ou aigu.

Nos oreilles forment un assemblage complexe de structures spécifiques, et il est étonnant de penser qu'une si petite région du corps nous fournit le sens de l'ouïe. Nous ne savons pas encore tout à propos de leur fonctionnement, mais les scientifiques font de nouvelles découvertes chaque jour. Par exemple, ils commencent à mieux comprendre comment les cellules ciliées de l'oreille transmettent les signaux au cerveau.

Le saviez-vous ?

▶ Avez-vous déjà écouté un enregistrement de votre propre voix ? Surprenant, non ? Lorsque nous parlons ou chantons, nous entendons les ondes sonores que nous émettons, mais aussi les vibrations qui voyagent à l'intérieur de notre tête. Quand nous écoutons un enregistrement, ces vibrations sont absentes et le son nous semble très différent.

Sous l'eau

Les ondes sonores voyagent plus vite dans l'eau que dans l'air (voir p. 22), mais elles sont moins précises parce que les molécules d'eau sont moins mobiles que celles d'air. Les vibrations sonores peuvent aussi être ressenties dans l'eau, car celle-ci est pressurisée (et non compressée, comme l'air).

Quand les plongeurs se trouvent sous l'eau, ils communiquent par gestes, car la voix et l'oreille humaines ne sont pas faites pour émettre ou recevoir des bruits dans l'eau. Les oreilles de tous les vertébrés – mammifères, oiseaux, reptiles, amphibiens et poissons – fonctionnent d'une façon proche de la nôtre. Cependant, les animaux **aquatiques** se sont adaptés de manière un peu différente pour entendre dans l'eau plutôt que dans l'air.

▲ Les dauphins ont une grande acuité auditive, bien qu'ils vivent essentiellement sous l'eau.

Les **mammifères** marins se sont adaptés pour communiquer sous l'eau. Ils détectent la plupart des ondes sonores par la mâchoire inférieure et ces vibrations sont transmises à l'oreille moyenne et à l'oreille interne. Ces animaux ont également des orifices auditifs, situés derrière les yeux et recouverts par une membrane de peau. Certains scientifiques pensent que les dauphins et les baleines peuvent percevoir des sons à basse fréquence par ces ouvertures, mais cela n'est pas prouvé.

▶ Ces plongeurs s'entraînent à communiquer par signes, puisqu'ils ne peuvent pas entendre sous l'eau.

Les **invertébrés**, tels que les sauterelles, les araignées ou les vers, perçoivent les sons et les vibrations de nombreuses et différentes façons. Les sauterelles ont un organe de l'ouïe particulier sur le premier segment de l'abdomen. Les criquets en ont un similaire derrière leurs pattes avant. Ces organes spéciaux convertissent les ondes sonores en vibrations (un peu comme le tympan) qui sont envoyées au cerveau. D'autres invertébrés utilisent leur corps entier pour détecter sons et vibrations. Les araignées, par exemple, ressentent les modifications de leur pression interne causées par l'énergie des ondes sonores (un peu comme nous pouvons percevoir des vibrations avec les mains). Les vers de terre ont une peau fine et sensible qui leur permet de détecter les variations de lumière, de température, d'humidité, ainsi que les vibrations.

▲ Les criquets sont dotés d'organes auditifs derrière leurs pattes avant, et ils émettent des sons en frottant leurs ailes l'une contre l'autre.

Les invertébrés émettent des sons d'une manière particulière. Les sauterelles produisent une stridulation aiguë en raclant leurs pattes arrière contre leurs ailes ou leur corps. Les criquets font de même en frottant leurs ailes. Le crabe violoniste mâle émet des sons en frappant sa grande pince contre le sable pour avertir les autres d'un danger. Ces crabes n'ont pas d'appareil auditif spécifique, mais ils ressentent les vibrations. Le mâle utilise également des vibrations pour attirer les femelles.

Une ouïe très fine permet aux animaux de détecter leurs prédateurs, et aussi de s'orienter. La survie de certains, comme le lapin ou la souris, repose essentiellement sur le sens de l'ouïe. Ces animaux se sont adaptés et leurs oreilles développées peuvent s'orienter pour capter le plus de sons possible. La plupart des lapins ont de grandes oreilles dressées qu'ils bougent d'avant en arrière pour localiser les dangers. Les lapins perçoivent aussi les sons très aigus émis par leurs ennemis, tels que rongeurs, chauves-souris ou oiseaux.

◀ L'ouïe des lapins est extrêmement fine. Leurs grandes oreilles les aident à détecter des sons infimes qui peuvent signaler un prédateur.

En comparaison, l'oreille humaine est plutôt petite. Nos oreilles sont orientées vers l'avant et nous entendons donc mieux les sons venant de devant que de derrière. Beaucoup d'animaux, en revanche, peuvent placer leurs oreilles dans la direction qu'ils veulent. Les chouettes, par exemple, ont un système auditif très développé, car elles sont actives la nuit et chassent davantage au bruit qu'à la vue. Elles ont la face recouverte de plumes très courtes disposées en cercle (le disque facial). Le disque facial aide à capter les sons et il les conduit vers les oreilles, dissimulées sous les plumes en bordure du disque.

L'ouïe des chouettes est très sensible à certaines fréquences, ce qui leur permet de déceler le moindre mouvement de leur proie dans les feuilles ou le sous-bois. Certaines chouettes ont des oreilles **asymétriques**. L'une est plus haute que l'autre, ce qui les aide à localiser la source d'un bruit non seulement latéralement (comme l'homme) mais aussi sur un plan vertical. Ainsi, elles peuvent fondre sur leur proie dans une obscurité totale et frapper exactement au bon endroit pour la tuer.

▲ La chouette peut entendre une souris à près d'un kilomètre !

Le saviez-vous ?

► L'oreille humaine saisit des sons allant de 20 hertz à 20 kilohertz, mais de nombreux animaux détectent des sons bien plus aigus. Les chauves-souris, par exemple, peuvent entendre les bruits de leurs congénères ou d'insectes au-delà de 100 kilohertz. Les chats (à droite) et les chouettes perçoivent les couinements très aigus des rongeurs, inaudibles pour nous. Les chiens aussi perçoivent des sons très aigus. Pour attirer leur attention, on utilise souvent un sifflet spécial, qui émet des sons qu'eux seuls peuvent entendre.

La surdité

La surdité est le défaut total ou partiel de l'ouïe, et elle affecte de nombreuses personnes de par le monde. Certaines sont sourdes de naissance, d'autres le deviennent plus tard. L'oreille humaine peut normalement capter des fréquences allant de 20 à 20 000 hertz. Quelqu'un qui est incapable d'entendre un son de 20 décibels dans une fréquence de 800 à 1900 hertz est considéré comme partiellement (ou totalement) sourd.

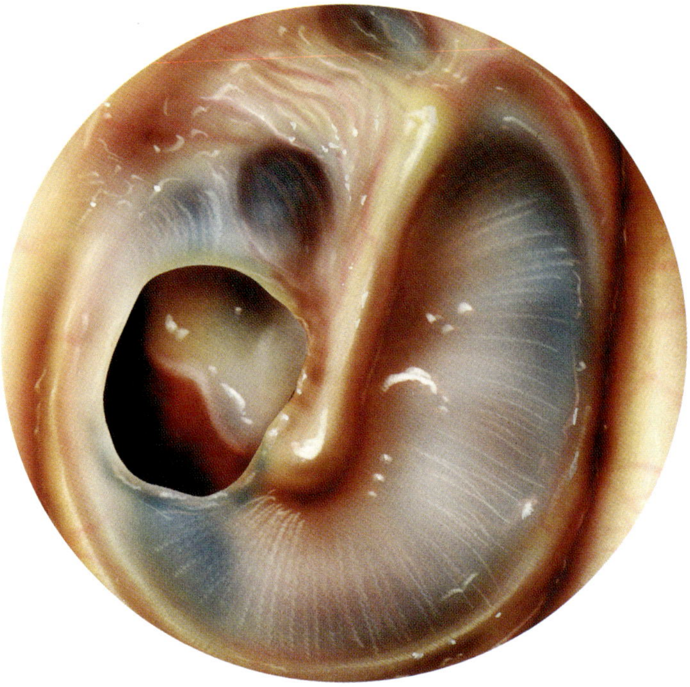

▲ Représentation artistique d'une perforation du tympan causée par une inflammation dite otite séreuse.

On distingue deux sortes de surdité. La surdité dite « conductive » est due à des problèmes de passage des ondes sonores de l'oreille externe à l'oreille interne. Elle est souvent temporaire et peut être guérie. Une infection peut causer l'obstruction du conduit auditif, qui enfle et bloque le passage. Celui-ci peut aussi être bouché par du cérumen – dans ce cas la surdité totale ne se produit que si 90 % du conduit est bouché. Plus couramment, un léger amoncellement de cérumen peut faire pression sur le tympan et l'empêcher de vibrer. Il arrive également que le tympan soit endommagé par des bruits excessifs, des infections ou un corps étranger, comme une perle, un insecte ou une boulette de coton.

Si le tympan est abîmé, les ondes sonores ne peuvent pas être converties en vibrations que les osselets pourraient transmettre à la cochlée. Un tympan endommagé peut guérir en un mois, mais les cas les plus sérieux demandent une intervention chirurgicale.

La surdité «perceptive» est plus grave, et généralement permanente. Elle se produit en cas de mauvais fonctionnement du mécanisme auditif qui perçoit les vibrations et envoie les impulsions nerveuses au cerveau. La surdité perceptive peut être causée par une lésion de la cochlée, du nerf auditif ou du cortex auditif lui-même. Alors que les gens atteints de surdité conductive continuent habituellement d'entendre leur propre voix de l'intérieur, ceux qui souffrent de surdité perceptive n'entendent rien du tout.

◀ Des tests médicaux aident à déterminer la gravité et la cause d'une perte de l'ouïe.

Les infections et anomalies héréditaires peuvent causer une surdité tant conductive que perceptive. L'otite est une inflammation bactérienne qui affecte l'oreille externe, moyenne ou interne. On la traite avec des antibiotiques, mais elle cause parfois des dommages graves et permanents, comme les acouphènes (bourdonnements ou sifflements dans l'oreille). L'otite séreuse, dont souffrent souvent les enfants, provoque un amoncellement de mucus dans l'oreille moyenne. Un drain minuscule peut être inséré dans le tympan pour permettre le passage de l'air et l'aspiration du mucus. Ce drain tombe normalement au bout de quelques mois, quand l'infection est guérie.

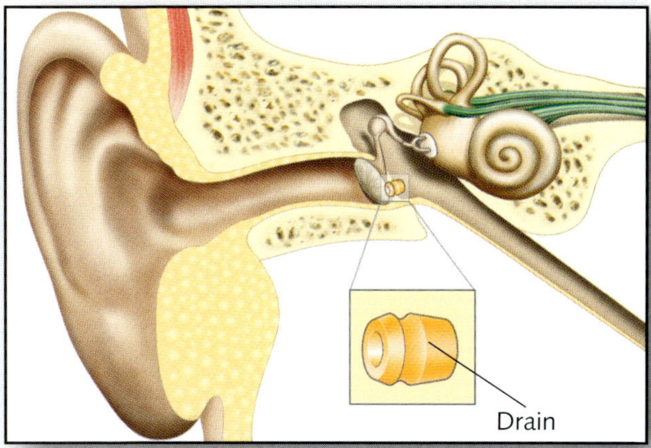

▲ Un drain inséré dans le tympan sert à soutirer le liquide qui provoque l'infection et permet à l'air de circuler dans l'oreille moyenne pour améliorer l'audition.

L'otosclérose est une anomalie héréditaire qui provoque une croissance anormale des osselets, jusqu'à ce qu'ils ne puissent plus fonctionner. Son développement est si lent que beaucoup de gens ne s'en rendent pas compte avant longtemps. L'otosclérose est indolore et si la perte de l'ouïe est légère, aucun traitement n'est requis. Cependant, une perte plus importante peut être compensée grâce à un appareil auditif (voir p. 20), ou bien la chirurgie peut reformer les os.

▲ Le langage des signes est un outil efficace permettant de communiquer avec des gens qui souffrent de surdité.

Voyage dans le temps : les prothèses auditives

Le premier scientifique à étudier le fonctionnement de l'oreille fut l'Allemand Hermann von Helmholtz. Helmholtz pensait que nous percevons des tons différents parce qu'ils provoquent des vibrations de types différents. Sa théorie de la « **résonance** », parue en 1857, expliquait que les cils ou les fibres de l'oreille interne étaient associés à des tons particuliers et qu'ils «résonnaient» aux bruits correspondants.

▲ **Hermann von Helmholtz**

Les efforts d'Helmholtz pour comprendre le processus physique de l'ouïe reçurent l'appui des travaux du physicien britannique Ernest Rutherford (1871-1937). Selon la théorie Rutherford-Waller, ou « théorie du téléphone », la cochlée bouge en réaction aux sons, comme le diaphragme dans un cornet de téléphone (voir p.44).

▼ Ernest Rutherford

Cependant, ce ne fut qu'en 1961 que l'Américain d'origine hongroise Georg von Békésy montra que ce sont les vibrations dans le liquide de la cochlée qui permettent à ses cils minuscules de percevoir les sons reçus par l'oreille. Békésy élabora sa « théorie de l'onde propagée » en utilisant de puissants microscopes pour observer les ondes sonores dans la cochlée.

Les prothèses auditives

Aujourd'hui, notre connaissance des mécanismes de l'ouïe a conduit au développement des prothèses auditives. Celles-ci peuvent être portées par des gens partiellement sourds pour amplifier les sons qu'ils reçoivent. La première prothèse électrique fut inventée au début du XXe siècle. Auparavant, les malentendants utilisaient une sorte de cornet pour agrandir leur oreille externe et capter ainsi davantage d'ondes sonores. Dotés de piles, les appareils modernes sont assez petits pour être portés dans ou derrière l'oreille. Ils sont munis d'un micro qui reçoit les sons et les convertit en signaux électriques. Certains utilisent des signaux pour stimuler le nerf auditif, alors que d'autres amplifient le son avant qu'il n'atteigne l'oreille interne.

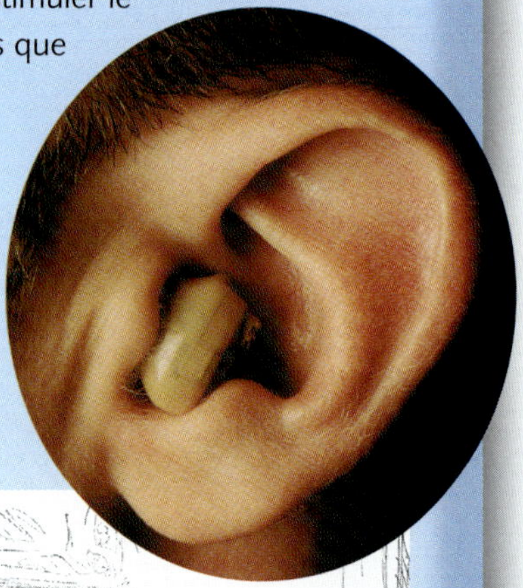

► **Les prothèses auditives modernes se portent dans (ou derrière) l'oreille.**

▲ **Captant plus d'ondes sonores, les cornets acoustiques servaient autrefois à améliorer l'ouïe.**

Les implants cochléaires

Les travaux de pionniers comme Helmholtz et Békésy présentent en détail les fondements physiologiques de l'ouïe. Vers la fin du XXe siècle, des chercheurs reprirent ce savoir et envisagèrent de créer une oreille artificielle – ou « bionique ». Dans les années 1960, ils conçurent les premiers implants cochléaires – de petits appareils électriques qu'on pouvait implanter dans l'oreille interne. Ceux-ci permettaient aux patients de découvrir pour la première fois la notion de son. Ces personnes, par exemple, purent distinguer le bruit des paroles articulées. Puis, dans les années 1970, les chercheurs développèrent les implants cochléaires multicanalaires, couramment utilisés de nos jours.

Les implants cochléaires sont destinés aux patients qui souffrent de surdité profonde et ne peuvent bénéficier des prothèses classiques. Les patients sont munis d'un micro et d'un processeur situés sur le côté de la tête, et d'un récepteur implanté dans la cochlée. Les ondes sonores sont captées par le micro et envoyées, par le processeur, aux électrodes de la cochlée. Au lieu de transmettre les ondes sonores par le biais des cils de la cochlée, le récepteur les convertit en impulsions électriques qui passent directement au nerf auditif.

Durant les années 1990, la précision et l'efficacité de ces techniques d'ouïe artificielle se sont accrues. Grâce à elles, de nombreux sourds peuvent maintenant entendre et suivre une conversation normale. Les implants cochléaires ont permis à certaines personnes de communiquer au téléphone pour la première fois de leur vie. À chaque développement technologique, les chercheurs améliorent la reproduction de l'oreille humaine. En 2004, 54 000 personnes ont reçu des implants de ce type. Les enfants, en particulier, s'adaptent très facilement aux appareils, car leur cerveau est encore en phase d'apprentissage du son. Certains reçoivent un implant alors qu'ils ont moins de douze mois.

▲ **Un médecin teste l'implant de cette fillette. Aujourd'hui, plus de la moitié des receveurs d'implants sont des enfants.**

3 Comment le son voyage

Les ondes sonores se déplacent à des vitesses différentes selon le milieu traversé. Le son voyage généralement plus vite dans les solides et les liquides que dans l'air. En effet, les molécules des liquides et des solides sont plus rapprochées que celles des gaz, donc les vibrations s'y transmettent plus rapidement.

La vitesse du son

La vitesse du son dans l'air est de 340 m par seconde (environ dix fois la vitesse d'une voiture sur une autoroute). Elle est de 1500 m/s dans l'eau et de 6000 m/s dans l'acier. Quand on parle de vitesse du son, on fait d'habitude référence à sa vitesse dans l'air.

Les ondes sonores ne peuvent pas voyager dans le vide, puisque celui-ci ne contient pas de particules (voir p. 10). La lumière, elle, n'a pas besoin d'un support matériel pour se déplacer et elle est beaucoup plus rapide. La vitesse de la lumière est de 300 000 km/s.

▲ Le son se déplace environ dix fois plus vite que les voitures sur une autoroute.

Effets supersoniques

Quand un avion traverse le ciel, le bruit de ses moteurs voyage à la vitesse du son (340 m/s). Parfois, lorsque nous l'entendons depuis le sol, nous levons les yeux et nous avons l'impression que le son provient d'un point qui se trouve loin derrière l'avion lui-même. C'est que l'avion a eu le temps de parcourir une certaine distance avant que le son parvienne au sol. Si la vitesse de l'avion dépasse celle du son, quelque chose de plus intéressant encore se produit. Le bruit des moteurs ne peut plus rattraper l'appareil et un « mur » de son s'accumule sous la forme d'une onde de pression. Lorsque cette onde atteint le sol, nous entendons une violente détonation, le « bang » supersonique, déclenché par l'accumulation du bruit émis par l'avion.

Les avions qui dépassent la vitesse du son sont dits **supersoniques**. Ce sont surtout des appareils

▼ Cet avion se déplace plus vite que le son. Tandis qu'il vole, une zone de basse pression se forme à l'arrière. Ceci provoque la condensation de l'humidité de l'air en un nuage. On entend également le bang supersonique.

militaires, mais les navettes spatiales entrent également dans l'atmosphère à des vitesses supersoniques. Le Concorde fut le plus célèbre avion supersonique commercial, mais il devint obsolète en 2003 à cause des coûts d'exploitation élevés et de problèmes de sécurité consécutifs à des accidents. Plusieurs pays interdisent les vols supersoniques au-dessus de leur territoire, pour éviter à leurs habitants et aux animaux les nuisances dues aux bangs supersoniques.

Le saviez-vous ?

► Le claquement d'un fouet est un exemple de bang supersonique. On utilise les fouets pour diriger les animaux vers un lieu donné grâce au bruit qui les effraie. Le fouet est plus fin à son extrémité. Quand on le fait claquer, l'énergie accélère sur sa longueur et l'extrémité peut atteindre 1,3 fois la vitesse du son, provoquant ce minuscule bang caractéristique.

RÉFLEXION ET RÉFRACTION

Quand les sons traversent l'air, ils finissent par mourir parce que les ondes se dispersent et perdent leur énergie. De même que les ondes lumineuses sont réfléchies ou réfractées par diverses matières, les ondes sonores peuvent changer de direction. Quand un son rencontre un obstacle, une partie est réfléchie, une autre est absorbée et une troisième le traverse.

L'**écho** est un son reflété par une surface. Si vous frappez vos mains ou tapez du pied dans un espace fermé, une petite pièce, par exemple, vous entendrez parfois un écho. Les ondes sonores rebondissent sur les murs et vous les percevez une fraction de seconde après le bruit original. Dans de grands espaces, tels une grotte, une vallée ou les abords d'une falaise, les sons mettront plusieurs secondes pour revenir et nous les entendrons donc sans qu'ils se chevauchent.

▲ Les sons se répercutant sur les parois d'une grotte produisent un écho.

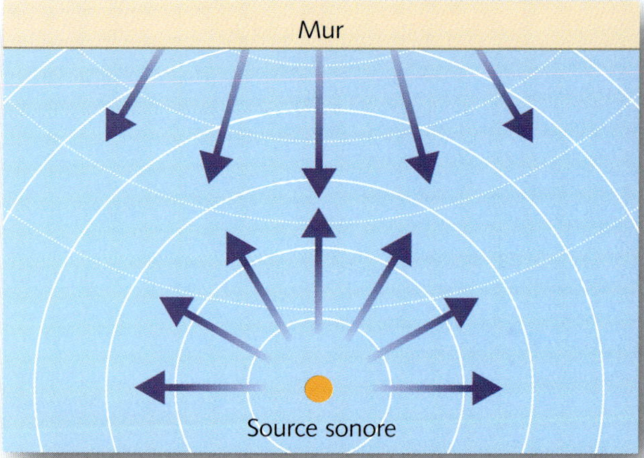

▲ Quand des ondes sonores heurtent un mur, certaines sont réfléchies et nous parviennent en écho.

L'écho est plus net sur une surface relativement lisse et dure, comme un mur de briques, parce qu'elle absorbe peu d'énergie et que la plupart des ondes sont réfléchies dans la même direction. Une surface rugueuse ou poreuse tend à absorber davantage d'ondes et l'écho est plus faible, car il rebondit dans des directions différentes. Quand l'écho est répété à diverses reprises par plusieurs surfaces, on parle de réverbération. Le son décroît à chaque rebond, jusqu'à disparaître.

Expérience

▶ Tenez-vous à 50 ou 100 m d'un mur lisse et frappez dans vos mains. S'il y a un écho, recommencez en cadence de façon à ce que chaque clappement coïncide avec l'écho du précédent. Comptez le nombre de clappements effectués en 10 secondes. Puis multipliez ce nombre par deux fois la distance au mur (en mètres) et divisez le résultat par 10 (le nombre de secondes). Quel est le résultat final ?

Test

▶ Pourquoi les ondes sonores ne peuvent-elles pas voyager dans le vide ?
▶ Pourquoi voyez-vous l'éclair avant d'entendre le tonnerre ?
▶ Classez les matériaux suivants en fonction de la vitesse du son lorsqu'il les traverse (du plus rapide au plus lent) : eau, bois, hydrogène.

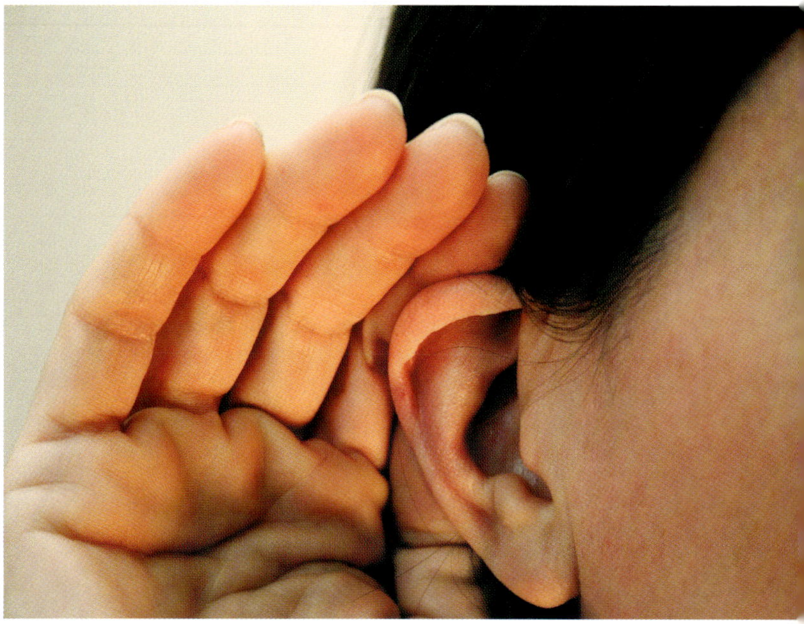

▲ On peut capter davantage d'ondes sonores en mettant sa main en cornet autour de l'oreille.

L'absorption du son

L'énergie du son est « absorbée » lorsqu'elle est transformée en une autre forme d'énergie. Elle est souvent convertie en chaleur, puisqu'elle résulte d'un mouvement des molécules. Les sons perdent leur énergie naturellement quand ils voyagent dans l'air parce que les ondes se dispersent, mais aussi parce qu'elles sont absorbées en heurtant les molécules d'air. Un son aigu s'affaiblit plus rapidement parce que ses vibrations rapides sont plus vite converties en chaleur et absorbées. Les sons graves voyagent donc plus loin que les sons aigus, et c'est pourquoi les basses, dans les concerts, s'entendent de plus loin que les notes plus aiguës de la mélodie.

Lorsque nous tenons un coquillage près de notre oreille, celui-ci capte les bruits de fond, qui résonnent à l'intérieur. Nous pouvons produire le même effet «maritime» avec une tasse vide ou avec notre main. Pour accroître notre ouïe, nous pouvons placer une main derrière l'oreille, ce qui y canalise davantage d'ondes.

Le saviez-vous ?

▶ Les sons vont plus loin sur un lac gelé. Ils sont réfléchis et réfractés par les couches d'air froid et d'air chaud qui recouvrent la glace. Les ondes sonores gardent leur énergie plus longtemps, car elles sont réfléchies au lieu d'être absorbées.

▶ Les pièces meublées donnent moins d'écho que les pièces vides. En effet, les meubles absorbent et réfléchissent les ondes sonores, qui ont moins d'énergie quand elles heurtent les murs. Les studios d'enregistrement (à droite) morcellent la surface de leurs murs pour éliminer l'écho le plus possible et assurer une bonne qualité d'enregistrement. Ils utilisent aussi des matériaux **isolants** sur les murs pour empêcher l'intrusion des bruits extérieurs.

Voyage dans le temps : les découvertes du passé

▶ Lors des concerts en plein air, les sons se dispersent et s'évanouissent, car rien ne les reflète. Par contre, si on joue de la musique en salle, la réflexion des murs, du plafond et du sol enrichit le son. Lorsque l'orchestre joue sur une scène, le son atteint directement l'assistance, mais la réflexion des murs et du plafond le renvoie d'un angle différent, ce qui donne l'impression qu'il vient de partout. Nous savons maintenant que la forme d'une salle de concert influence la musique qu'on y joue. Trop de réflexion « noie » la musique, mais trop peu donne un son « mort ».

▲ Wallace Sabine

En 1701, le Français Joseph Sauveur donna le nom d'« **acoustique** » à l'étude des sons alors qu'il mesurait les tons de l'échelle musicale. Le mot vient du grec *akoustos*, qui signifie « ouïe ». Une grande partie de nos connaissances en acoustique architecturale est issue de siècles de tâtonnements et d'essais.

En 1868, le premier ingénieur en acoustique, l'Américain Wallace Sabine, utilisa les principes de ses prédécesseurs pour construire le Symphony Hall de Boston, que l'on considère comme une des meilleures salles de concert au monde. Sabine nota que les surfaces douces absorbent le son, alors que les dures le réfléchissent. Il étudia la manière dont différents matériaux, tissu, bois ou plâtre, affectent l'acoustique d'une salle. L'unité internationale d'absorption du son a été nommée « sabin » en son honneur.

◀ Le Royal Albert Hall de Londres est un superbe édifice qui produisait autrefois beaucoup d'écho. Aujourd'hui, des disques acoustiques (communément appelés « champignons ») sont suspendus au plafond pour absorber les vibrations indésirables.

L'énergie du son

Les ondes sonores sont des vibrations d'énergie qui poussent les molécules en rythme les unes contre les autres. Selon la fréquence et l'amplitude des ondes, le ton et le volume du son varient. L'intensité d'un bruit dépend de la quantité d'énergie (puissance) transportée par les ondes : c'est l'amplitude. Le son finit par s'évanouir parce que les molécules d'air et d'autres obstacles absorbent son énergie. C'est pourquoi les sons s'amenuisent à grande distance ou derrière un obstacle comme un mur.

Les niveaux de bruit

L'oreille humaine est très sensible. Nous pouvons entendre n'importe quoi, depuis un frottement de doigts jusqu'au vacarme d'un marteau-piqueur. L'intensité du son se mesure en décibels (dB). Comme l'éventail de l'ouïe humaine est vaste, les décibels progressent par multiples de 10. Le plus petit son audible est de 0 dB. Un son 10 fois plus fort mesure 10 dB ; 100 fois plus fort, 20 dB ; 1000 fois plus fort, 30 dB ; et ainsi de suite.

Ce tableau montre l'intensité des sons de divers bruits de la vie quotidienne. Les mesures ont été prises à la source du bruit, l'intensité diminuant lorsqu'on s'en éloigne.

▼ L'intensité de divers bruits quotidiens.

SON	INTENSITÉ
Silence quasi total	0 dB
Chuchotement	15 dB
Conversation normale	60 dB
Tondeuse à gazon	90 dB
Avertisseur de voiture	110 dB
Concerts de rock ou réacteur	120 dB
Coup de feu	140 dB

Le seuil de la douleur

Vous êtes-vous déjà trouvé près d'un haut-parleur et avez-vous senti des chatouillements dans vos oreilles ? À environ 120 dB, nous commençons à ressentir les sons comme des chatouilles. À 130 -140 dB, le bruit devient douloureux, car le tympan est soumis à des pressions trop fortes. Le son le plus fort que nous puissions tolérer est appelé « seuil de la douleur ».

▲ Certains bruits sont si forts qu'ils font mal aux oreilles.

L'INSONORISATION

De nombreux bruits de la vie quotidienne peuvent être réduits grâce aux techniques d'**insonorisation**. Les constructeurs, architectes et ingénieurs tentent de réduire les nuisances sonores dans leurs projets. Le double vitrage est utilisé dans les maisons neuves, car il économise l'énergie et améliore l'insonorisation. Le verre étant un bon conducteur de la chaleur et des vibrations, une vitre simple procure très peu d'isolation. Les doubles vitrages présentent un espace entre deux panneaux de verre, ce qui restreint le passage de la chaleur ou du son. Le double vitrage est aujourd'hui obligatoire dans les nouvelles constructions. Beaucoup d'anciennes maisons proches de rues fréquentées ou d'aéroports ont été équipées par la suite de doubles vitrages pour diminuer le bruit.

◀ Des oreillettes de protection sont aujourd'hui obligatoires sur les chantiers.

Vous pouvez abîmer votre ouïe à force d'être exposés à des bruits trop forts. Dans les usines bruyantes ou les chantiers de construction, les ouvriers portent des oreillettes de protection contre le bruit. Certaines machines, tels les moteurs, sont équipées de silencieux pour étouffer le bruit. Le tuyau d'échappement des voitures est muni d'un conteneur de métal compartimenté qui permet aux gaz de se détendre et aux ondes sonores de se disperser. Certains systèmes d'échappement utilisent de la fibre de verre pour absorber le bruit lorsque les gaz les traversent.

▲ On dispose de la fibre de verre entre les planchers et dans le toit pour l'isolation thermique et acoustique.

Le saviez-vous ?

▶ Le tympan protège l'oreille interne des sons trop forts ou trop graves. Quand le cerveau reçoit un signal indiquant ce genre de bruit, il déclenche un réflexe du tympan : les muscles de l'oreille tendent ce dernier, qui devient plus rigide. Ainsi, le tympan capte moins d'ondes à basse fréquence et haute amplitude, et les sons sont affaiblis. Ce même réflexe permet de filtrer les bruits de fond et de suivre une conversation dans un endroit bruyant. Il se déclenche aussi lorsque nous parlons, afin que le son de notre propre voix n'écrase pas les autres. Malgré tout, les facultés auditives de l'oreille interne se dégradent avec l'âge. En fait, les gens de plus de 50 ans voient leur ouïe baisser chaque année. Ce lent déclin rend l'écoute plus laborieuse dans les lieux bruyants.

La communication

Les oiseaux chantent, les chiens aboient et certains serpents font un bruit de crécelle. Mais les humains ont développé un mode de communication bien plus sophistiqué : la parole. Il existe de nombreux langages de par le monde, permettant de transmettre idées et sentiments. La musique est devenue un domaine important de la communication. Tout en véhiculant des histoires et des idées, musiques et chansons rapprochent les gens dans une expérience partagée.

Les instruments de musique

Les hommes ont créé une impressionnante gamme d'instruments produisant toutes sortes de sons. On les utilise pour le plaisir, mais aussi pour exprimer des sentiments. Les instruments de musique sont classés selon la manière dont ils émettent leur son. Les principaux groupes sont les cordes, les instruments à vent et les percussions.

Les instruments à cordes sont munis d'une série de cordes tendues de façon à vibrer lorsqu'on les frappe, les pince ou qu'on les frotte (avec un doigt ou un archet). On y inclut guitares, harpes, violons, altos, violoncelles, contrebasses, clavecins et pianos. Par exemple, quand l'archet frotte les cordes d'un violon, il provoque des vibrations qui sont transmises au corps creux de l'instrument par le biais d'une fine pièce de bois, le chevalet. Les vibrations du bois et de l'air, au-dedans et au-dehors du violon, produisent les ondes sonores. Certains de ces sons s'échappent par des ouvertures en forme de *f*, les ouïes, créant une riche sonorité. Les sons diffèrent selon la fréquence de vibration du bois. Le ton dépend de la longueur, de l'épaisseur et de la tension de la corde. Les cordes fines sont plus aiguës que les grosses, et le son est d'autant plus aigu que la corde est tendue ou raccourcie. La fréquence dépend aussi de la taille et de la forme de l'instrument.

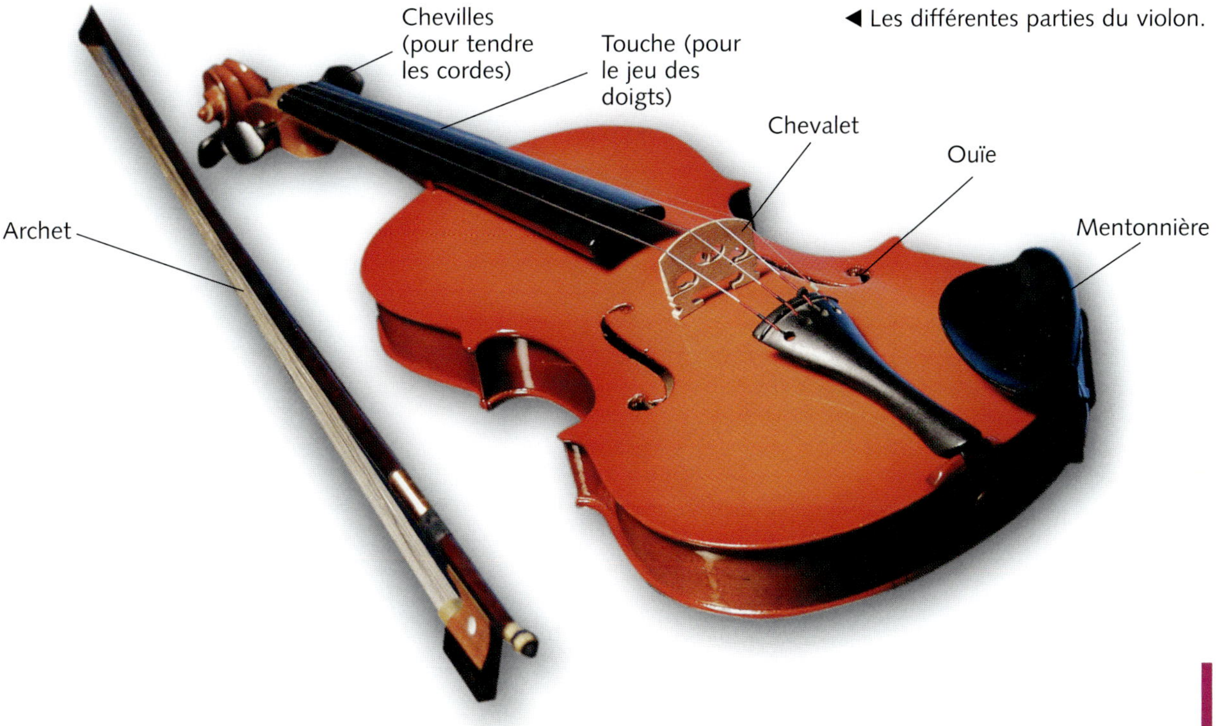

◀ Les différentes parties du violon.

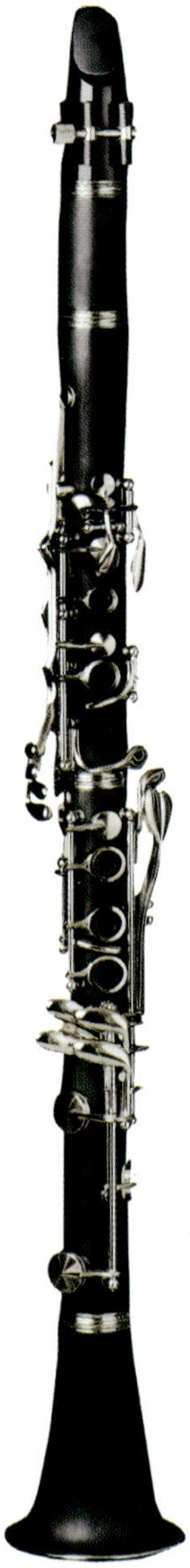

Les instruments à vent ou les cuivres produisent leur son en faisant vibrer un flux d'air. On y compte sifflets, flûtes à bec ou traversières, clarinettes, trompettes, trombones, tubas, orgues, concertinas, cornemuses et harmonicas. Le flux d'air, venant des poumons ou d'un soufflet, se met à vibrer sous l'action des lèvres ou d'une languette (anche) à l'entrée de l'instrument. Les vibrations traversent celui-ci et produisent différentes notes selon leur parcours : une colonne d'air plus longue donne une note plus basse. L'extrémité de l'instrument est généralement évasée pour amplifier les ondes sonores à leur sortie.

Les instruments à percussion produisent des sons lorsqu'ils sont frappés – tambours, cymbales, cloches, carillons, xylophones, triangles, glockenspiel, tambourins ou timbales. On les frappe avec les mains, des baguettes ou des maillets, ce qui cause des vibrations sonores.

◀ La clarinette donne un son mélodieux.

Test

► Classez ces instruments en fonction de leur ton, du plus aigu au plus grave, et expliquez quels facteurs font varier leurs notes.

▲ De gauche à droite : violon, alto, violoncelle.

▼ Les timbales peuvent être accordées.

Communiquer des émotions

Écouter de la musique provoque souvent une réaction émotionnelle. Plusieurs personnes choisissent de jouer d'un instrument pour améliorer ou modifier leur tempérament. La musique est parfois utilisée pour susciter différentes émotions.

Le rythme de la musique et son mode (majeur ou mineur) ont l'impact le plus important : une musique rapide en ton majeur semble plus joyeuse, alors qu'un rythme lent en mode mineur peut sembler triste ou délicat. Une musique vive est censée accroître les rythmes cardiaque et respiratoire, tandis qu'une mélodie lente les calme. Parfois, la mélodie crée chez l'auditeur une attente de ce qui va suivre. Si cette attente est satisfaite, l'auditeur le sera aussi, ou il ressentira de l'apaisement. Cependant, la même musique peut susciter chez la même personne des émotions différentes à des moments différents. Parfois, un air rappelle simplement à quelqu'un une expérience passée. On peut aussi écouter et admirer un musicien pour le plaisir.

Le saviez-vous ?

▶ Le son est affecté par la pression de l'air. Si vous jouez d'un instrument à vent au pied d'une montagne et grimpez ensuite au sommet, vous constaterez que l'instrument n'est plus accordé. Les variations de température agissent aussi sur l'accord d'un instrument. Avant chaque concert, les orchestres prennent le temps d'accorder leurs instruments, car la présence des spectateurs peut avoir réchauffé la salle.

▶ Selon le scientifique mélomane Christopher Rueger, écouter l'œuvre de compositeurs classiques comme Beethoven peut aider à surmonter des sentiments de dépression ou de doute, alors que l'écoute de Bach peut réduire les troubles du sommeil.

▶ **Écouter de la musique est un passe-temps populaire, car la musique tend à améliorer l'humeur.**

PAROLES ET CHANSONS

Les humains peuvent produire des sons complexes appelés « parole ». Cette capacité est essentielle, car elle nous permet de partager du savoir, des idées, de l'instruction et des sentiments sur le monde qui nous entoure. Sans la parole, nous n'aurions pas évolué jusqu'à ce que nous sommes aujourd'hui. Mais comment parlons-nous ?

Notre mécanisme de la parole est une sorte d'instrument à vent. Nos poumons agissent comme des soufflets, qui envoient l'air à travers nos cordes vocales – une paire de membranes qui s'ouvrent et se referment, situées dans le larynx, et qui forment une fente dans une portion de la trachée qu'on appelle la glotte. Lorsque l'air passe dans la fente, il fait vibrer le bord des cordes vocales, qui produisent des ondes sonores. La force de l'air expulsé des poumons et la taille de la fente déterminent le ton et le volume du son, qui remonte vers la bouche. Les mouvements de la bouche et de la langue «sculptent» les sons pour former des mots. C'est le même processus qui donne lieu au chant, sauf que le flux d'air est plus constant. Fredonner consiste à chanter sans ouvrir les lèvres. Quand on siffle, ce sont les lèvres qui vibrent, et non les cordes vocales.

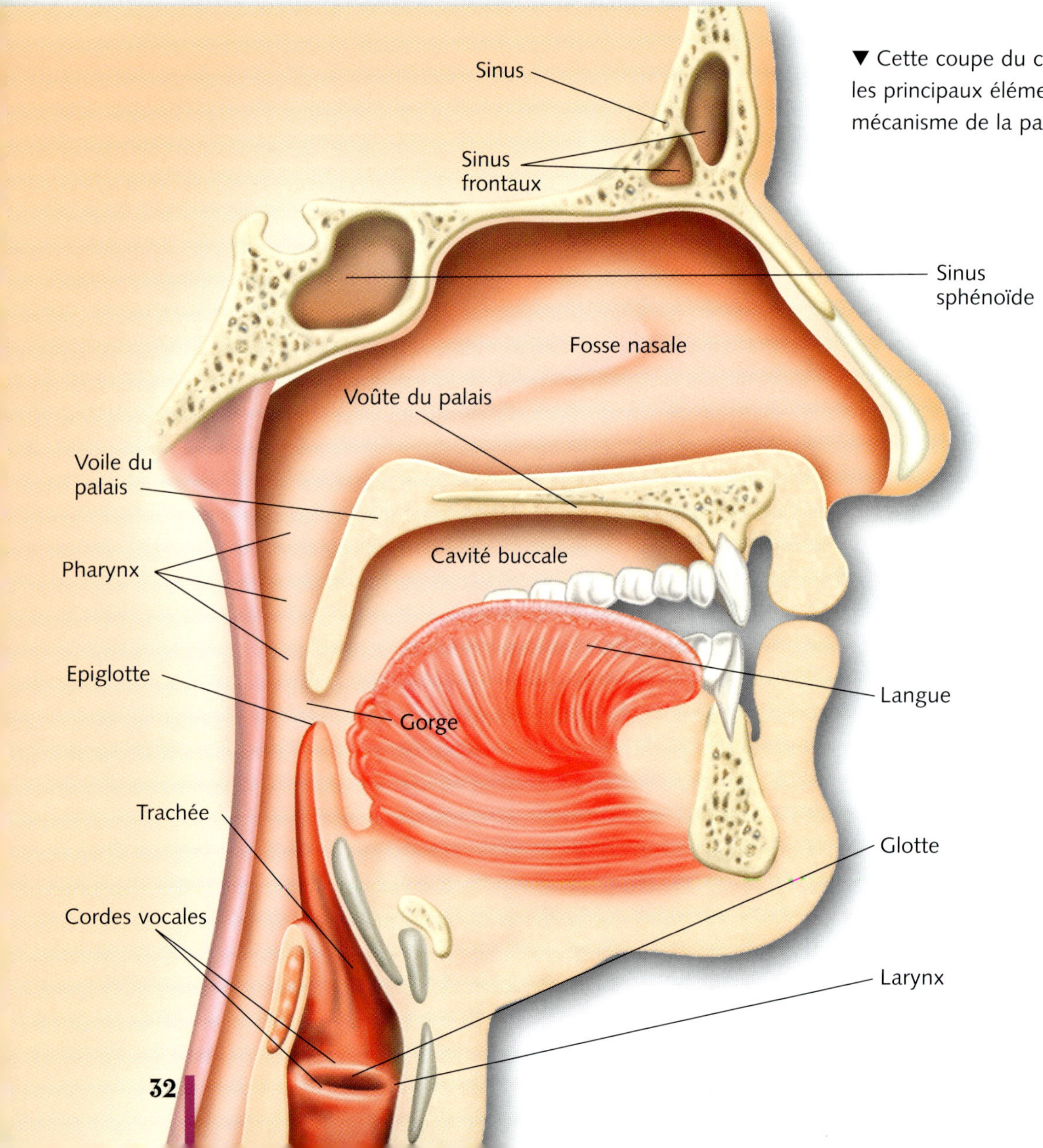

▼ Cette coupe du crâne montre les principaux éléments du mécanisme de la parole.

Trouver sa voix

Les scientifiques pensent que l'homme a commencé à parler il y a environ 100 000 ans. Auparavant, bouche et pharynx n'étaient pas assez développés pour former des mots. Même si au départ l'homme n'utilisait qu'un nombre restreint de mots, son vocabulaire s'est accru avec le temps et il a pu exprimer idées et croyances, ainsi que s'organiser en groupe pour réunir ses forces. À cette époque, les gens voyageaient peu et rencontraient peu d'autres groupes de population, et des centaines de langues se sont formées dans l'isolement de leurs locuteurs. Aujourd'hui, il existe plus de 5000 langues dans le monde, même si 90 % de celles-ci sont rarement utilisées ou pratiquement éteintes.

▲ Les membres du Parlement européen (ci-dessus) partagent une vingtaine de langues.

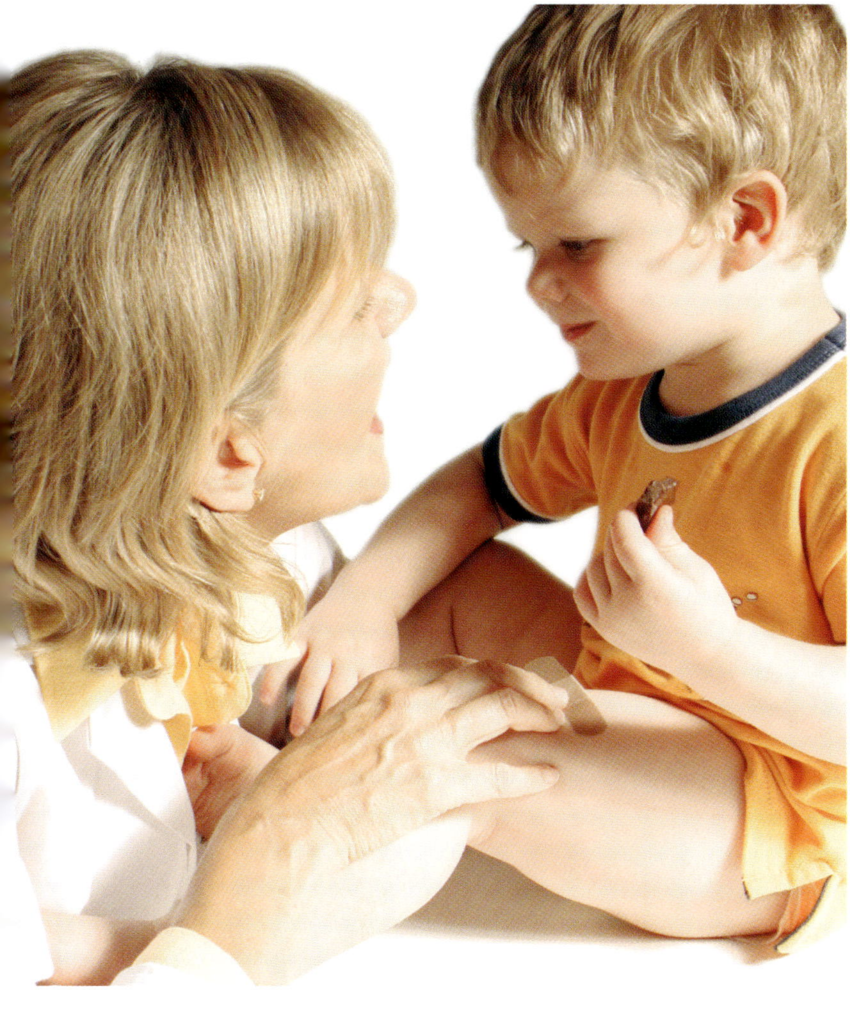

▲ À 14 mois environ, l'enfant commence à parler en imitant ses parents.

Apprendre à parler, à lire et à écrire

Quand nous sommes encore bébés, nous apprenons à parler en écoutant les sons émis par ceux qui nous entourent, jusqu'à ce que nous nous rendions compte que certains ont un sens. Petit à petit, nous imitons ces sons jusqu'à ce que notre entourage comprenne ce que nous essayons de dire. Finalement, nous comprenons de mieux en mieux le sens des mots et, en les reproduisant, nous acquérons un langage de plus en plus précis. Le français fait partie du groupe des langues indo-européennes, qui utilisent des alphabets basés sur les sons : chaque mot peut être écrit grâce à une combinaison de lettres. La lecture et l'écriture sont sans doute les meilleurs moyens pour enregistrer et reproduire les sons qui nous servent à communiquer.

Le langage des animaux

Beaucoup de mammifères, d'oiseaux, de reptiles et d'amphibiens émettent des sons modulés, un peu comme les humains, en canalisant l'air qui sort de leurs poumons. Mais certains animaux procèdent différemment. Sauterelles et criquets stridulent en frottant l'une contre l'autre des parties de leur corps (voir p. 16). Les pics, dotés d'un bec dur et acéré, sont capables de creuser les troncs d'arbres à la recherche d'insectes ou pour y faire leur nid. Ils utilisent également ces troncs comme instruments à percussion et lancent des tambourinades dans la forêt. Les pics peuvent donner 20 coups de bec par seconde pour attirer l'attention d'une partenaire. On note un comportement similaire chez la vrillette, un coléoptère qui communique en frappant son corps contre le bois dans lequel il se cache. Les ondes sonores se propagent ensuite le long des minuscules tunnels creusés par les larves de l'insecte. Les lapins, eux, frappent le sol de leur patte arrière, et les vibrations sont ressenties par leurs congénères.

▲ Les pics frappent les troncs en guise de parade de séduction.

D'autres créatures font du bruit pour signaler leur présence. Les serpents à sonnette, par exemple, avertissent les autres animaux en faisant vibrer des écailles spéciales au bout de leur queue. Les vibrations sont amplifiées en ondes sonores, car les écailles sont creuses. Un nouveau segment est ajouté à la queue chaque fois que le serpent mue. Les porcs-épics sont aussi connus pour utiliser leur queue afin d'éviter les prédateurs. Ils hérissent leurs piquants et font vibrer leur queue, produisant un cliquetis menaçant.

◀ Les serpents à sonnette émettent un son inquiétant.

L'utilisation du son

Tandis que des scientifiques découvraient les propriétés des ondes sonores, d'autres commençaient à utiliser ce savoir à des fins pratiques. Comme les ondes sonores peuvent voyager dans les gaz, les liquides et les solides, elles ont maintenant de nombreuses applications dans divers domaines.

Les sondages

Autrefois, les marins s'assuraient du passage dans les hauts-fonds en mesurant la profondeur de l'eau avec des perches et des lignes, qu'ils immergeaient jusqu'à atteindre le fond. C'était ce qu'on appelait un **sondage**, (le mot sonde vient de l'ancien nordique *sund* (mer, détroit), dans *sundgyrd*, « perche à sonder »). Aujourd'hui, les bateaux peuvent « cartographier » le fond de la mer grâce à un système de mesure et de navigation par le son, le **sonar**. Le sonar envoie dans l'eau des ondes sonores qui rebondissent sur les obstacles, le fond ou les récifs coralliens. On utilise aussi l'effet Doppler (voir p. 11), en combinaison avec le sonar, pour déterminer si les objets sous-marins s'approchent ou s'éloignent du bateau, et à quelle vitesse.

▲ Ce chercheur immerge une sonde équipée d'un sonar pour dresser une carte du fond marin.

Les sondages sismiques

Les ondes sonores servent aussi à la prospection géologique. Grâce au sondage sismique, on peut analyser la structure du sous-sol et y rechercher du charbon ou des poches de gaz naturel ou de pétrole. Ce principe, semblable à celui du sonar, permet en plus de sonder la roche (même si les ondes sonores requièrent plus d'énergie pour voyager dans le sol que dans l'eau).

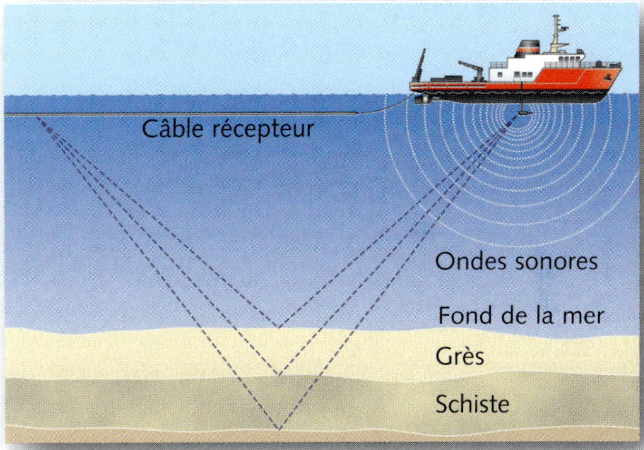

▲ Le sondage sismique révèle la structure du fond marin.

Les ondes sonores traversent les diverses couches rocheuses du sol à des vitesses différentes, puis sont renvoyées à la surface selon des trajets spécifiques. Il est donc possible de dresser un plan en coupe de la structure des fonds marins. Les scientifiques savent ainsi que les différentes roches tendent à former des couches (les strates) qui peuvent renfermer des réserves de gaz, de pétrole ou de charbon.

LA SISMOLOGIE

La **sismologie** utilise des techniques analogues aux sondages sismiques pour détecter les vibrations naturelles du sol dues aux tremblements de terre ou aux éruptions volcaniques. Les mouvements du sol se produisent lorsqu'une pression accumulée est brusquement libérée sous forme d'énergie. Cette énergie traverse le sol sous forme d'onde sonore, car la croûte terrestre est légèrement élastique. Tout ce qui se trouve sur le passage de l'onde l'absorbe et se met à vibrer violemment lorsqu'elle atteint la surface. Les tremblements de terre les plus forts relâchent tant d'énergie qu'on les ressent à des centaines de kilomètres et que les villes les plus proches peuvent être anéanties.

La sismologie sert à prévoir ces catastrophes naturelles. Mais c'est très difficile, car les mouvements du sol sont souvent brusques et imprévisibles. Lorsqu'un tremblement de terre se produit, des instruments électroniques (comme le sismographe) peuvent en mesurer les effets. En 1935, le géologue américain Charles Richter élabora une échelle pour mesurer l'intensité, ou amplitude, des mouvements du sol. On l'appelle échelle de Richter. Il s'agit d'une échelle logarithmique : cela signifie que chaque degré de l'échelle vaut 10 fois le précédent. Un séisme de force 6 est donc 10 fois plus fort qu'un séisme de force 5 – et 100 fois plus fort qu'un de force 4. Le tremblement de terre du Pakistan, en 2005, était de force 7,6 sur l'échelle de Richter (l'équivalent d'une bombe nucléaire).

▲ Lors d'un tremblement de terre, la vitesse des ondes sismiques peut atteindre 15 km/s.

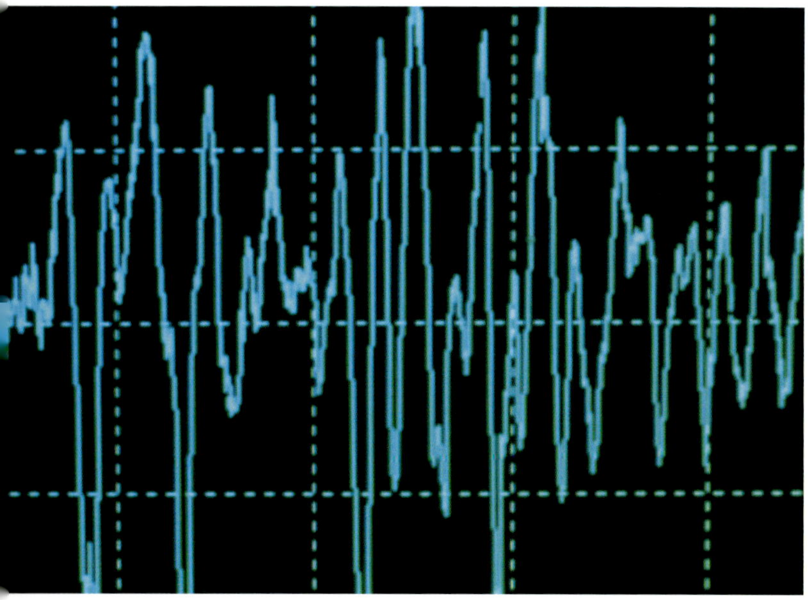

◀ Le sismographe indique l'intensité, la direction et la durée des ondes sismiques qui suivent un tremblement de terre.

L'échographie

Certains objets vibrent si vite qu'ils produisent des sons trop aigus pour être entendus. On appelle ces derniers des **ultrasons**. Étant inaudibles, ils ne nous gênent pas quand on les utilise. L'**échographie** permet de scruter l'intérieur du corps sans l'abîmer. Un peu comme lors d'un sondage sismique, les ondes sonores ayant traversé le corps sont réfléchies et réfractées dans diverses directions selon le type de tissu rencontré. Elles reviennent en écho et sont converties en signaux électriques, puis mises en images par un ordinateur. Cette méthode est très utile pour examiner les fœtus dans le ventre de leur mère.

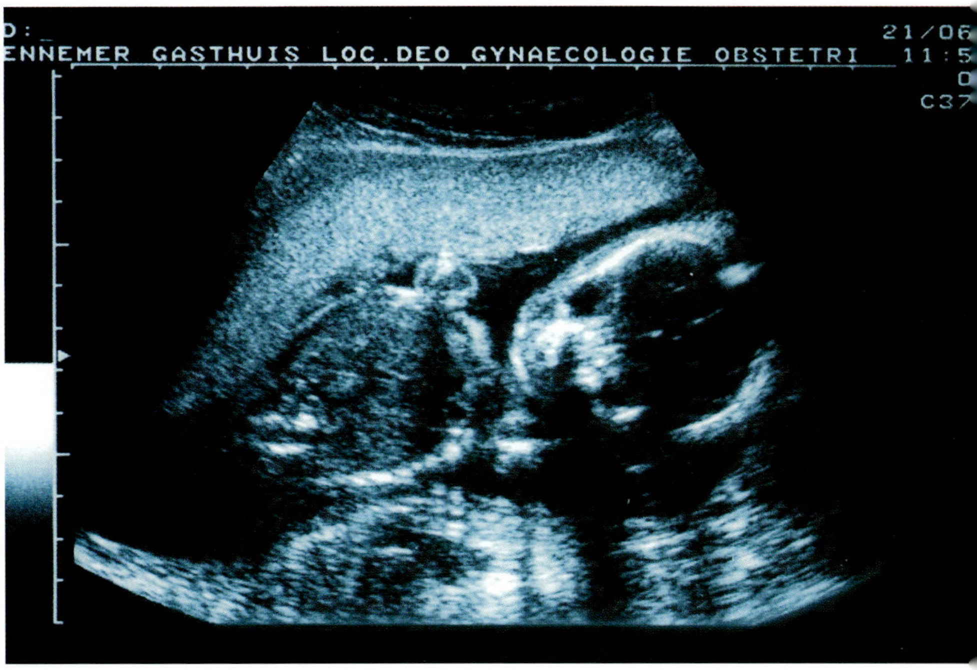

▲ On utilise l'échographie pour suivre le développement d'un enfant à naître.

Les traitements par ultrasons

L'échographie implique l'emploi d'ondes sonores à haute fréquence et de faible amplitude. Si on augmente l'amplitude, les sons transportent plus d'énergie et peuvent être utilisés pour des procédures médicales spéciales. Les calculs biliaires, par exemple (de petits cailloux qui s'accumulent dans la vésicule biliaire et causent de vives douleurs), peuvent être éliminés grâce aux ultrasons. Autrefois, on ouvrait la vésicule pour extraire les calculs, mais aujourd'hui, on les désintègre avec des ultrasons de forte amplitude. Ces ultrasons brisent les objets friables, tels que les calculs biliaires, sans endommager les tissus souples du corps, car ceux-ci sont assez flexibles pour en absorber l'énergie. Une fois réduits en poudre, ils sont expulsés du corps par les voies naturelles qui relient la vésicule à l'intestin.

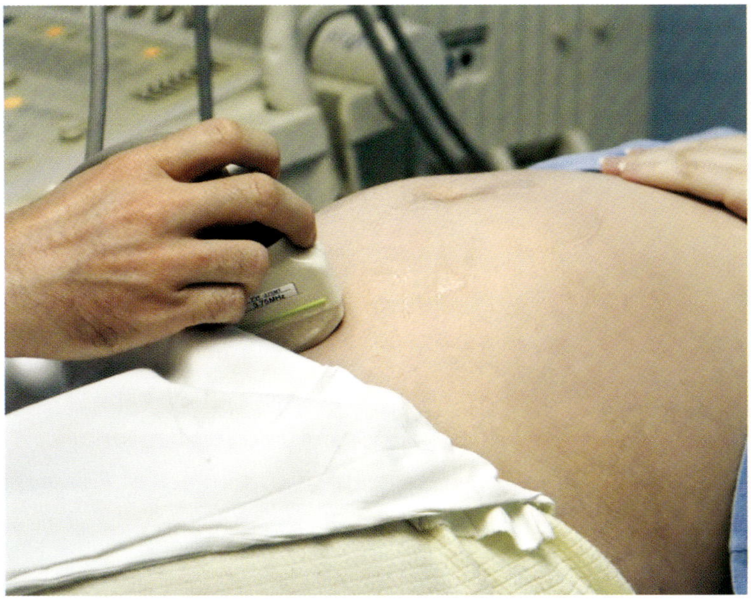
▲ On pratique une échographie sur cette future mère pour vérifier la santé de son bébé.

Pour d'autres traitements par ultrasons, on utilise une sonde échographique. Cet appareil émet des ultrasons vers les terminaisons nerveuses sous la peau afin de les endormir, avant une injection ou l'insertion d'un cathéter ou d'une canule trachéale, opérations habituellement douloureuses. De plus, la technologie des ultrasons permet à présent d'administrer des médicaments à travers la peau. Ce procédé pourrait à l'avenir remplacer les injections douloureuses et améliorer le dosage des médicaments.

Les outils à ultrasons

Les ultrasons sont inaudibles pour l'oreille humaine et constituent donc un outil sans danger et bon marché pour l'industrie. À très haute amplitude, les ultrasons peuvent chauffer les matériaux, ce qui se révèle particulièrement utile pour la soudure des métaux et des plastiques, surtout dans les cas où les techniques habituelles seraient peu pratiques ou susceptibles d'abîmer les matériaux environnants. Les soudeurs à ultrasons servent à relier de façon précise et étanche des canalisations de plastique enterrées. Ils sont aussi employés pour des soudures très minutieuses sur un circuit imprimé électronique, sans dégagement de chaleur nocif. On utilise également les ultrasons pour la sécurité. Dans les complexes chimiques, les techniciens s'en servent pour vérifier le bon état des tuyaux, ce qui est important pour prévenir les fuites dangereuses. Des défauts tels que des fissures peuvent être détectés, car ils reflètent les ultrasons.

▲ Ce technicien utilise les vibrations ultrasonores pour rechercher les fissures dans les tuyaux d'une usine chimique : son appareil va en repérer les déficiences internes.

Voyage dans le temps : vers le futur

▶ Les scientifiques ont cherché comment utiliser le son pour construire des machines dans l'espace. Des essais réalisés à bord de la navette spatiale ont montré que des sons intenses peuvent modeler les particules. Ce procédé – le « façonnage acoustique » – pourrait un jour servir à édifier des structures complexes dans l'espace en évitant des coûts de transport considérables.

La reproduction du son

Les humains communiquent en émettant leurs propres sons, mais ils peuvent aussi les enregistrer pour les écouter plus tard ou ailleurs. Les technologies de l'enregistrement sont basées sur notre connaissance de l'oreille humaine. Micros et haut-parleurs, par exemple, sont munis de membranes (un peu comme le tympan) qui vibrent en présence d'ondes sonores. L'enregistrement convertit les ondes en signaux électriques qui peuvent être stockés ou transportés, puis retransformés en ondes sonores.

▲ Un haut-parleur.

Les micros

On trouve des micros dans de nombreux appareils courants, comme les téléphones, les magnétophones et les postes de radio ou de télévision. Les micros sont munis d'une membrane fine et flexible qui convertit les ondes sonores en signaux électriques que l'on peut encoder sur une bande magnétique ou un CD. Certains micros ont besoin d'une source d'énergie, mais d'autres utilisent un dispositif électromagnétique qui s'active lorsque la membrane vibre.

▲ Ce chanteur utilise un micro qui envoie un signal électrique à un amplificateur pour renforcer sa voix.

Les haut-parleurs

Quand on écoute un CD, l'information stockée est convertie en un signal électrique. Puis le haut-parleur traduit ce signal en ondes sonores. Le son est produit par la vibration rapide de la membrane – habituellement faite de carton, de plastique ou de métal – tendue sur le cadre à cet effet. Les haut-parleurs de bonne qualité reproduisent avec exactitude les sons initialement enregistrés. Les chaînes haute-fidélité, équipées de deux haut-parleurs ou plus, fonctionnent en stéréo : chaque haut-parleur transmet des signaux légèrement différents pour que la reproduction du son original soit plus juste.

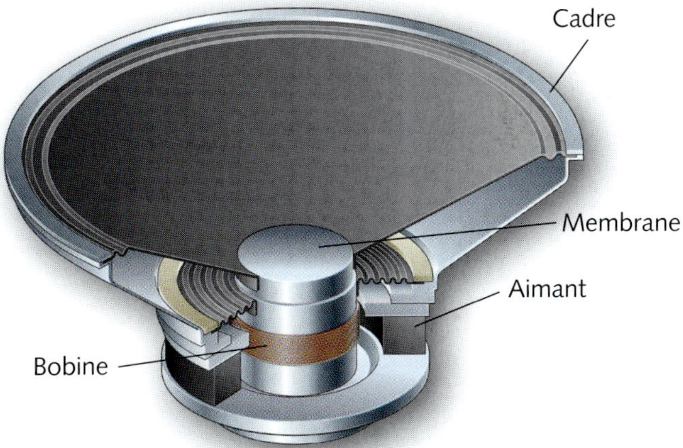

▲ Les éléments d'un haut-parleur.

Voyage dans le temps : divertissements sonores

Aujourd'hui, notre monde est rempli de divertissements sonores. Nous écoutons de la musique enregistrée ou des émissions de radio. Mais il n'en a pas toujours été ainsi. Les premiers appareils capables de reproduire à la maison des sons enregistrés datent de la fin du XIXe siècle.

Le phonographe

En 1877, Thomas Edison inventa le premier électrophone : le phonographe. Il s'agissait d'un cylindre recouvert d'une pellicule métallique striée de sillons. Ces sillons étaient gravés à l'aide d'une aiguille enregistreuse reliée à un « capteur de voix » qui convertissait les sons en vibrations. Quand le cylindre tournait, l'aiguille gravait un sillon à la surface de la pellicule. À l'inverse, les variations du sillon faisaient vibrer une aiguille de lecture. Ces vibrations étaient converties en signaux électriques, amplifiées et transmises aux haut-parleurs qui les retransformaient en ondes sonores. Cependant, le phonographe fut un échec commercial à l'époque parce qu'il était fragile et d'un emploi malaisé.

En 1886, Bell et Tainter inventèrent un appareil baptisé « graphophone ». Le cylindre était fait de cire et produisait un meilleur son. Puis, en 1888, le « gramophone » d'Emil Berliner utilisa des disques de vinyle au lieu de cylindres, disques dont on pouvait faire des copies fidèles.

▲ Le magnétophone à cassette introduisit un moyen simple de réaliser ses propres enregistrements.

▲ Les gramophones étaient des phonographes sophistiqués en usage jusqu'au début des années 1960.

Le magnétophone

Les premiers magnétophones étaient des enregistreurs à fil. Ils fixaient les signaux électriques provenant d'ondes sonores sur un fil métallique se déroulant entre deux bobines. Ces appareils étaient utilisés comme répondeurs téléphoniques ou machines à dicter, mais leur qualité d'enregistrement était pauvre. Puis, en 1934, Joseph Begun inventa le premier enregistreur à bande magnétique. Cet appareil utilise une bande recouverte de fines particules magnétiques qui subissent le champ électromagnétique des signaux émis par le micro. Les premiers enregistreurs magnétiques étaient munis de bobines de bande métallique, ce qui rendait leur usage très pesant. Mais avec les années, les bandes de plastique enduites d'oxyde ferreux améliorèrent la qualité d'enregistrement et rendirent les appareils plus pratiques. Puis le développement des pellicules de plastique imprégné donna naissance au magnétophone à cassette, aux bandes vidéo et aux disquettes d'ordinateur. En 1979, Sony créa le baladeur, petit magnétophone à cassette portatif équipé de piles et d'écouteurs.

La radio

Les origines de la radio remontent à 1896, avec l'invention de la télégraphie sans fil par le physicien italien Guglielmo Marconi. Marconi reprit les travaux de scientifiques comme Hertz (voir p. 8) et entreprit des expériences sur la transmission des ondes radio à grande distance. Ses travaux conduisirent plus tard à la transmission radio – les ondes sonores sont converties en signaux électriques par un micro, puis en ondes radio, qui peuvent franchir de grandes distances.

▲ Dans les années 1930, bien des gens possédaient un poste de radio de ce type (Spartan).

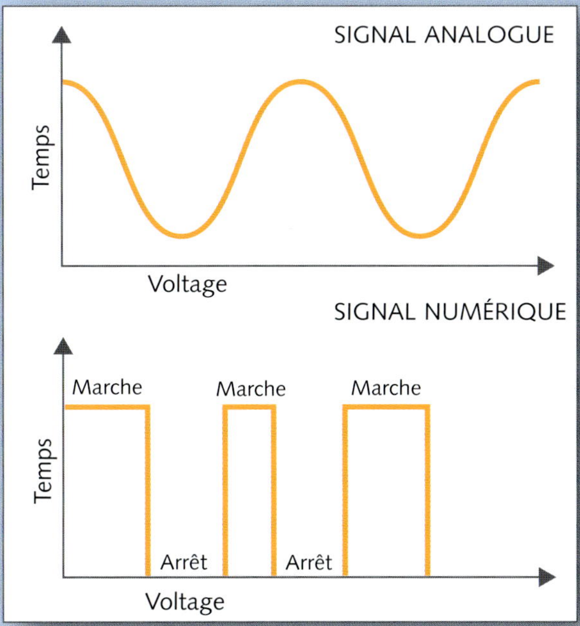

▲ Un signal analogue est variable et continu; un signal numérique est une série d'impulsions et de « silences ».

▼ Les ondes radio traversent de grandes distances, ce qui est très pratique pour les appareils portatifs.

De l'analogue au numérique

Lorsque les sons étaient enregistrés sur bande magnétique ou sur vinyle, l'information était stockée sous forme « analogique », ce qui signifie que les sons étaient captés comme un signal continu et variable. Cela fonctionnait bien, mais la qualité des enregistrements baissait lorsqu'on exécutait des copies de l'original.

Une solution à ce problème fut apportée par l'enregistrement de l'information sous une nouvelle forme, dite « numérique ». Dans ce cas, les ondes sonores sont encodées en une série de chiffres et non comme des signaux électriques. Cette technologie ressemble à celle employée pour les lecteurs de CD. La radio numérique donne un son meilleur et est généralement insensible aux interférences. Elle offre aussi des avantages supplémentaires comme les chaînes multiples, une programmation souple et des événements interactifs.

L'ENREGISTREMENT DU FUTUR

L'arrivée du disque compact (CD) dans les années 1980 a mis fin au stockage du son sous forme physique (sur vinyle, par exemple), ou électromagnétique (sur bande). Le nouveau procédé est optique. Les CD stockent les sons sous forme de codes numériques lisibles par un lecteur laser. L'association du code numérique et du laser permet d'enregistrer le son, de le stocker et de le reproduire plus fidèlement que jamais. Les CD sont devenus plus compacts encore avec l'arrivée sur le marché des minidisques, en 1992. Ces derniers, avec leurs 6 cm de diamètre, sont vraiment des objets de poche. Ils ont la même capacité de stockage qu'un CD, mais leur petite taille les rend plus pratiques.

▲ CD et minidisques ont augmenté la capacité d'enregistrement sonore d'un disque.

◀ Un lecteur MP3 a assez de mémoire pour contenir votre discothèque au complet.

L'arrivée du MP3, à la fin des années 1990, a encore accru la capacité de stockage du son. L'information y est compressée pratiquement sans perte des qualités sonores. Le MP3 a réduit la taille des fichiers audionumériques jusqu'à 12 fois. Ces fichiers peuvent être stockés sur un disque dur ou dans la puce mémoire d'un lecteur MP3. Cette technologie a changé la manière dont les gens transportent leur musique. Au lieu d'avoir de nombreux CD ou cassettes, ils la chargent sur le lecteur MP3, qui peut contenir plus de mille chansons et dont les piles peuvent durer jusqu'à 18 heures. On peut aussi y télécharger de la musique depuis Internet, ce qui a fait faire un pas supplémentaire au phénomène de l'enregistrement musical.

Voyage dans le temps : vers le futur

▶ Les super CD audio vont bientôt remplacer les CD traditionnels. Semblables aux CD pour la taille et la forme, ces super CD ont une capacité de transmission et de stockage environ 8 fois supérieure, car les signaux électriques sont encore plus compressés. Leur technologie s'apparente à celle des DVD utilisés pour l'image numérique.

Le son hypersonique

De même qu'un rayon laser concentre des ondes lumineuses, le son hypersonique (HyperSonic Sound, HSS) concentre des ondes sonores qui peuvent voyager plus loin sans se disperser. Cette technologie utilise deux types d'ultrasons pour véhiculer l'information. Elle est comparable à celle employée pour transporter des sons au moyen des ondes radio (voir p. 41). Les ultrasons voyagent plus loin et restent plus concentrés que les ondes à basse fréquence.

Lorsque ces ultrasons rencontrent un objet, ils sont ralentis et distordus, et, alors qu'ils s'écrasent, ils recréent le son original. Un son provenant d'un haut-parleur HSS situé à 100 m vous donnera ainsi l'impression de venir d'écouteurs, car il aura été reconstitué tout près de vous. Ces signaux se reflètent également sur les surfaces : certains sembleront donc provenir d'une autre direction.

▲ Si vous êtes hors du faisceau HSS, vous n'entendrez rien, car les sons ne rencontreront pas d'obstacle pour se répercuter.

▲ Le son hypersonique pourrait servir dans les appareils aériens lorsqu'il est difficile d'entendre les instructions dans le bruit ambiant.

Bien qu'il soit peu probable que cette technologie soit utilisée dans les prochaines années, son potentiel est énorme. Dans une voiture équipée d'un système HSS, les passagers pourront écouter un CD à l'avant et un autre à l'arrière. Les haut-parleurs HSS pourraient servir dans les aéroports et les gares pour diffuser les informations aux seuls passagers concernés. La police pourrait aussi s'en servir comme une arme non violente lors d'assauts ou pour disperser des émeutiers grâce à des « balles sonores », explosions sonores excédant le seuil de la douleur. Le fait que le HSS se reflète pourrait aussi être utilisé pour distraire l'attention d'un criminel avec un bruit lors d'un assaut lancé d'une autre direction. Il est encore tôt pour le son hypersonique, mais cette technologie devrait se développer dans les années à venir.

Voyage dans le temps : le téléphone

L'appareil de communication qui a le plus changé la vie quotidienne est le téléphone. Il nous permet de parler à des gens se trouvant à des milliers de kilomètres. Les téléphones convertissent les ondes sonores en signaux électriques qui voyagent le long de câbles avant d'être retransformés en voix reconnaissable. Plusieurs scientifiques ont participé aux recherches qui ont abouti au téléphone. En 1831, par exemple, le physicien anglais Michael Faraday démontra que les vibrations métalliques peuvent être converties en impulsions électriques. Plus tard, en 1861, l'Allemand Johann Reis réalisa un appareil simple qui transformait les ondes sonores en électricité et inversement.

▲ **Une réplique du premier téléphone de Bell : le téléphone à « potence » (1875). Cet appareil expérimental pouvait transmettre des sons mais non en recevoir.**

Deux hommes, en fait, inventèrent le téléphone simultanément : l'Américain Elisha Gray et le Britannique Alexander Graham Bell. Gray créa le premier récepteur téléphonique en 1874, mais il ne parvint pas à élaborer un émetteur qui fonctionne. Il fallut attendre les travaux de Bell en 1876. L'embouchure de l'appareil de Bell était munie d'une membrane qui vibrait de la même manière que notre tympan et convertissait la voix en signaux électriques. Ceux-ci étaient envoyés par câble à un autre téléphone où ils étaient retransmis à un haut-parleur situé dans l'écouteur. Le haut-parleur retransformait les signaux électriques en sons que l'on pouvait écouter. Dans son principe, le téléphone fonctionne toujours de cette manière, même si les signaux électriques sont souvent convertis maintenant en signaux numériques transportés par ondes radio (téléphones cellulaires) ou par fibres optiques (lignes terrestres).

◀ **Bell et une note dans un carnet décrivant l'invention du premier téléphone.**

▲ **Les centres d'appels aident les compagnies à se développer en recevant des milliards d'appels téléphoniques par an.**

Les téléphones portables

Ces appareils sont aujourd'hui devenus indispensables. En Europe au Canada et aux États-Unis, environ 70 % de la population en possède un. Comment celui-ci fonctionne-t-il ?

Il était naturel que le téléphone et la technologie de la radio finissent par se rejoindre. Le téléphone portable, inventé par la compagnie Bell Telephone, est en fait une sorte de radio. Il était employé à l'origine par la police de New York, dans les années 1920, et recevait des signaux radio d'une antenne locale. Cependant, le téléphone cellulaire actuel ne se développerait pas avant une quarantaine d'années.

Avant 1987, les téléphones portables étaient gros et lourds, et utilisaient une technologie analogique. La voix était convertie en signaux électriques et (comme en radio) les appareils fonctionnaient sur une fréquence donnée. Les appels revenaient cher, car seul un nombre limité d'usagers se partageait chaque fréquence. À la fin des années 1980, la technologie numérique élimina ce problème. Aujourd'hui, les téléphones cellulaires fonctionnent sur de longues distances. Un réseau numérique principal (le GSM) dessert plus de 70 % de leurs usagers dans le monde. En Europe, les téléphones GSM utilisent les fréquences radio de 900 ou 1800 MHz, et les États-Unis celles proches de 1900 MHz. Ce réseau est divisé en une mosaïque de « cellules » pour permettre au maximum d'usagers d'utiliser une même fréquence. Chaque cellule est liée à une station de base qui transmet des signaux sur une étroite portion des fréquences du réseau. Les usagers de cellules différentes peuvent utiliser la même fréquence sans qu'il y ait interférence. Dans les zones rurales, des stations à haute puissance peuvent couvrir des cellules larges de 40 km. En zone urbaine, des stations à faible puissance desservent des cellules plus petites, de 50 à 300 m de rayon. Il est possible qu'un appel se déplace d'une cellule à une autre lorsque l'utilisateur se déplace. Le téléphone est constamment à l'écoute des signaux des cellules avoisinantes, et il s'y commute si cela peut améliorer la communication.

Les réseaux numériques sont conçus pour transmettre les communications vocales, mais ils peuvent transporter d'autres types d'information. La messagerie textuelle est devenue très populaire et, malgré la petite taille de son écran, il est possible d'accéder à Internet avec un téléphone cellulaire. Le développement de la technologie permet à certains appareils munis d'un micro de détecter la voix de leur utilisateur grâce aux vibrations des os du crâne. Ces portables tout-en-un sont équipés d'un micro dans chaque écouteur.

▶ **Les progrès de la téléphonie permettent maintenant de combiner la transmission des sons avec celle des images, du texte – et l'accès à Internet.**

Glossaire

ACOUSTIQUE – Étude scientifique des sons. En particulier, la production, la transmission et la réception des sons.

AMPLITUDE – Force du volume d'un signal. Lorsqu'un son est amplifié, il est plus fort.

ANALOGIQUE – Terme utilisé pour qualifier la représentation d'un objet lorsque celle-ci ressemble à l'original. Un signal analogique, telle une onde radio, est un signal variable continu qui monte et descend selon la puissance du son. Télévision, radio, magnétophone et quelques téléphones utilisent des signaux analogiques, mais ceux-ci tendent à être remplacés par des signaux numériques, car ces derniers ne sont pas affectés par les interférences électriques.

AQUATIQUE – Relatif à l'eau. Les plantes ou les animaux aquatiques vivent dans l'eau ou près d'elle.

ASYMÉTRIQUE – Dénué de symétrie (d'équilibre).

COMPRESSION – Action de comprimer, de resserrer. Dans le mouvement des ondes sonores, la compression est suivie de la raréfaction (dilatation).

ÉCHO – Répétition d'un son causée par la réflexion d'un son sur une surface.

ÉCHOGRAPHIE – Technique médicale utilisant des ondes sonores à haute fréquence pour produire des images des organes ou de la structure du corps, qui sont affichées sur un écran lorsque les ultrasons sont reflétés par les tissus internes. L'échographie permet de contrôler le développement du fœtus, car les ultrasons sont inoffensifs.

FRÉQUENCE – Ton d'une note. La fréquence est déterminée par la longueur de l'onde.

INSONORISATION – Fait de rendre les sons inaudibles. Les pièces d'une maison sont souvent insonorisées grâce à des matériaux, comme la fibre de verre, qui absorbent les ondes sonores.

INVERTÉBRÉS – Animaux dépourvus de colonne vertébrale.

ISOLATION – Utilisation de matériaux ou de dispositifs pour empêcher le son, la chaleur ou l'électricité de traverser un milieu.

Réponses

p. 24 Expérience
La vitesse du son est de 340 m/s.

p. 25 Test
(1) Les ondes sonores ne peuvent pas voyager dans le vide parce qu'elles ont besoin d'un support matériel, tel que l'air, pour se déplacer. Il n'y a pas de matière dans le vide.

(2) Nous voyons l'éclair avant d'entendre le tonnerre, car la lumière voyage plus vite que le son. La vitesse de la lumière est de 300 000 km/s, celle du son (dans l'air) d'environ 340 m/s.

(3) Du plus rapide au plus lent : le bois, l'eau, l'hydrogène.

Plus les atomes d'un matériau sont rapprochés, plus la vitesse du son qui le traverse est grande.

p. 30 Test
Facteurs influençant le ton de l'instrument : sa taille et sa forme ; l'épaisseur, la longueur et la tension de ses cordes.

LONGITUDINAL – Terme décrivant le mouvement « d'avant en arrière » ou « de haut en bas », par opposition à «transversal».

MAMMIFÈRES – Animaux à sang chaud pourvus d'une colonne vertébrale et de mamelles pour nourrir leurs petits.

NUMÉRIQUE – Un signal numérique est un signal transmis sous une forme codée plutôt que d'une manière continue et variable. Les téléphones cellulaires utilisent des signaux numériques. La révolution numérique a également atteint la radio, la télévision et Internet (à large bande). Les signaux numériques se reçoivent mieux que les signaux analogiques et ils sont plus polyvalents.

OSCILLOSCOPE – Instrument électronique servant à afficher les signaux électriques. Quand les ondes sonores sont converties en signaux électriques, elles apparaissent sur l'oscilloscope. L'appareil montre clairement la longueur (fréquence) et la hauteur (amplitude) de chaque onde sonore.

RARÉFACTION – Éloignement des particules l'une de l'autre. Dans le mouvement des ondes sonores, la raréfaction suit la compression.

RÉFLEXION – Renvoi par une surface des ondes sonores ou lumineuses qui la frappent.

RÉFRACTION – Courbure ou changement de direction d'une onde sonore ou lumineuse lorsqu'elle passe d'un milieu à un autre de densité différente.

RÉSONANCE – Lorsqu'un son est intense et prolongé, on dit qu'il résonne.

SISMOLOGIE – Étude des tremblements de terre (séismes).

SONAR – Technique qui utilise la réflexion des ondes sonores sous-marines pour détecter et localiser des objets immergés ou mesurer les profondeurs de la mer. Sonar signifie « Sound navigation and ranging » (navigation et télémétrie par le son).

SONDAGE – Mesure de la profondeur de l'eau. On peut sonder avec des lignes ou des perches. Aujourd'hui, cependant, on utilise plutôt des techniques liées à l'écho.

STÉRÉOPHONIE – Émission de sons d'au moins deux directions différentes. Nos deux oreilles reçoivent les ondes sonores avec un décalage, ce qui nous aide à détecter leur provenance. Les enregistrements stéréophoniques utilisent plusieurs canaux pour rendre le son plus réaliste.

SUPERSONIQUE – Plus rapide que la vitesse du son.

TRANSVERSAL – Terme décrivant le mouvement « sur les côtés », par opposition à « longitudinal ».

ULTRASONS – Sons inaudibles pour l'oreille humaine, dont la fréquence est supérieure à 20 000 hertz.

VIBRER – Bouger rapidement – sur le côté, d'avant en arrière ou de haut en bas.

VIDE – Espace ne contenant aucune matière. Les sons ne peuvent pas voyager dans le vide.

Sites Internet utiles :
www.cosmovisions.com/oreille.htm
www.sciencetech.technomuses.ca/
www.explic.com/2669-son.htm
www.auditiongrenier.com/systeme_auditif.htm
www.capcanal.com/couleurs/pages/son_cordes.htm

Index

(Les pages de référence en italique renvoient aux illustrations.)

Crédits photographiques (abréviations : d, droite – g, gauche – h, haut – m, milieu – b, bas) **fond de couverture** Giansanti/Corbis Sygma **images de couverture** (d) Gabe Palmer/Corbis (g) Andrew Brookes/Corbis **p.1** (m) www.istockphoto.com/Mikhail **p.2** (bg) Andrew Brookes/Corbis **p.3** (hd) www.istockphoto.com/Paul Piebinga (bd) John D. Corman/Corbis **p.4** (hg) Corbis (hd) Bo Veisland/Science Photo Library (bg) Peter Turnley/Corbis (bd) www.istockphoto.com/Ben Renard-Wiart **p.5** www.istockphoto.com/Paul Cowan **p.6** (g) www.istockphoto.com/Arlindo Silva **p.7** (h) Neil Grundy/Science Photo Library (bg) John D. Corman/Corbis (bd) www.istockphoto.com/Karen Winton **p.8** (g) Andrew Brookes/Corbis (d) www.istockphoto.com/Paul Cowan **p.9** (h) www.istockphoto.com/Bjarne Kvaale (b) Gabe Palmer/Corbis **p.10** (hd) Corbis (m) Science Photo Library **p.11** (bg)Macduff Everton/Corbis **p.13** (bd) Bo Veisland/Science Photo Library **p.14** (hd) Steve Gschmeissner/Science Photo Library **p.15** (h) www.istockphoto.com/Joe Stone (b) Jonathan Blair/Corbis **p. 16** (hd) www.istockphoto.com/Laurie Knight (bg) www.istockphoto.com/Ben Renard-Wiart **p.17** (hd) www.istockphoto.com/Clayton Hansen (bd) www.istockphoto.com/Dirk Conradt **p.18** (hd) Bo Veisland/Science Photo Library (bg) Howard Davies/Corbis **p.19** (b) Peter Turnley/Corbis **p.20** (hm) Science Photo Library (md) Will & Deni McIntyre/Corbis (bg) Prof. Peter Fowler/Science Photo Library (bd) TopFoto.co.uk/HIP **p.21** (b) Mauro Fermasiello/Science Photo Library **p.22** John Madere/Corbis **p.23** (h) US Department of Defence/Science Photo Library (b) Richard T. Nowitz/Corbis **p. 24** (g) Bob Rowan; Progressive Image/Corbis **p.25** (hd) www.istockphoto.com/Paige Falk (bd) C. S. Langlois, Publiphoto Diffusion/Science Photo Library **p.26** (h) Science Photo Library (b) T F Letocha, pixelSnaps **p.27** (bd) BSIP Laurent Caby/Science Photo Library **p.28** (hd) TopFoto.co.uk/Keystone (mg) Robert & Linda Mostyn; Eye Ubiquitous/Corbis **p.29** (b) Corbis **p.30** (hg) www.istockphoto.com/Nicholas Sutcliffe (hd) The SoundJunction project of the Associated Board of the Royal Schools of Music (www.soundjunction.org) (b) Bob Winsett/Corbis **p.31** (b) Corbis **p.33** (hd) Parlement européen (bg) www.istockphoto.com/Leigh Schindler **p.34** (hd) www.istockphoto.com/Raymond Truelove (bg) www.istockphoto.com **p.35** (bg) Alexis Rosenfield/Science Photo Library **p.36** (hd) Carl Frank/Science Photo Library (bg) Carlos Munoz-Yague/Eurelios/Science Photo Library **p.37** (hd) www.istockphoto.com (bg) www.istockphoto.com/Milan Radulovic **p.38** Maximilian Stock Ltd/Science Photo Library **p.39** (hd) www.istockphoto.com/Jostein Hauge (bg) www.sxc.hu/Norbert Machinek **p.40** (hd) Victor de Schwanberg/Science Photo Library (bg) www.istockphoto.com **p.41** (hd) Emely/zefa/Corbis (hg) www.istockphoto.com/Don Wilkie **p.42** (hd) www.freeimages.co.uk (bg) www.sxc.hu/Jannes **p.43** (hd) Master Sgt. Jack Braden/US Air Force (bg) www.istockphoto.com/Paul Piebinga **p.44** (hd) The Telephone Museum, Milton Keynes Museum (bg) Library of Congress/Science Photo Library (bm) Library of Congress/Science Photo Library **p.45** (hg) Corbis (bd) www.sxc.hu/Richard Mallinson

DATE DUE	BORROWER'S NAME	ROOM NUMBER